Z biegiem czasu

STANISŁAW PYSEK PRUSIŃSKI

Copyright © 2019 Literally Literature
All rights reserved.
ISBN-13: 978-1-970090-25-3

Szósty tom:

Z biegiem czasu

Na tle pokoleń

Mijają ery i pokolenia
Czasy lepsze prostsze i milsze
Nadzieje wizje plany marzenia
Wszystko przechodzi do zapomnienia.

Na tle bezkresów chmury kłębiące
Sinym się pasmem nad globem wiją
Ziemią przepiękną boskim urokiem
A tak prawdziwie to tylko czyją.

Planetę Ziemię wybrankę Słońca
Jasność niebieska suto pokrywa
Czegoś co trudno jest wyobrazić
Ciągle na ręce matczyne spływa.

Nic się po prawdzie tu nie ukryje
Ziemia cudowna i zboża łany
Misy dojrzałych owoców pełne
Kwiatów mieniących się w łącznym roju
Zapach sytości w cichym spokoju.

A wszyscy ludzie w ogromnym trudzie
A bywa różnie bogaci biedni
Gdy przemijamy jak to czujemy
Dzieląc się w czasie chlebem powszednim.

Po mojemu

Słoneczko świeci i się śmieje
Prawdziwie trzeźwo i przytomnie
Tak pomyślałem przypadkowo
Lubię słoneczko śmiejące do mnie.

Chociaż jest zima dzień styczniowy
A moje słońce zaszło w cień
A ja się cieszę i raduję
Przede mną jeszcze cały dzień.

Świat taki piękny musisz uwierzyć
Każdy dzień fajny coś z siebie da
Czasem się nawet zastanawiam
Ze szczęściem w parze tak to ja.

Chciałbym się stać najprzystojniejszy
Myślami wciąż kojarzę Raj
Ale i przy tym najciekawszy
A i dowcipny że naj naj.

Chciałbym pokłonić się mojej Żonie
Która na imię Tereska ma
Co może nieraz i ochrzani
Ale jest fajna cmoka da.

Pragnę pozdrowić moją Córeczkę
Co piękne imię Joanna ma
Która wydaje moje książeczki
Serdeczne dzięki Joasiu pa.

Noc księżyc i ja

Tak bardzo lubię
Kończący się dnia trud
Prawdziwy szał
To co jest takie niesamowite
Każdy by chciał.

Z biegiem czasu

Po słońcu za dnia wieczór nadchodzi
Aż w sercu gra
Więc liczę księżycowe smugi
Księżyc to mój przyjaciel drugi.

Zapytam się mojego księżyca
Co w myśli tkwi
   Mogę użyczyć ciepłego kocyka
   Jak zimno ci
Księżyc się zgodził bez wahania
Więc przynieś mi.

A jeszcze wyżej mijają się gwiazdki
Tree le le
Nagle jedna puściła mi oko
Lubi mnie.

Wyjdź Pysek ze swojego ukrycia
Pokaż się
Jutro napiszesz fraszkę o gwiazdkach
Tak czy nie?

Nagle nadstawiam uszy
To nie blew
Pewnie cichaczem się do mnie skrada
Może lew.

Muszę więc schować się do środka
Któż to wie
Jestem dla niego i niezłym kąskiem
To mnie zje.

Nagle gdzieś z kąta się odzywa
Mój własny cień

Udaj się Pysek do domu jest późno
Jutro dzień.

Słucham siebie

W mojej poezji jestem sobą
Wolny od złości grzechu zła
To dialog prawdy i wolności
Prawdziwy znak.

Współczesnych czasów trendy czuje
Uśpionej nocy cichy ton
To co utrwaliło się w moich myślach
Jak głośny dzwon.

Poezjo moja słyszę ciebie
Odgłosem echa dajesz mi znać
Spojrzeniem czasu na odległość
Ty chcesz to dać.

To co jest we mnie wierszem tak
Kiedy się ważą losy Ojczyzny
Otwierasz dawne ukryte blizny
To jakiś znak.

Niech winy moje i brak słów
Odda i zepchnie do zapomnienia
A pozostałość dobrych snów
Doda w natchnieniach.

Odkrywać prawdy wielkim wyzwaniem
I w przekonaniu że prawda boli
Dużo osiągnąć i w przekonaniu
Zwykłą serdeczność w sercach wyzwolić.

Z biegiem czasu

Pisałem dla nich czyste herezje
Że pod sufitem czai się duch
Oni przyjęli to za poezję
Śledzili przy tym każdy mój ruch.

Przekonywałem że słabo widzę
I źle się czuję i czasem dyszę
Lecz oni rzucali mi na talerz
Monety których brzęk do dziś słyszę.

Kiedyś użyłem słów nietypowych
Orła wywinął gość na cemencie
I otrzymałem wielkie oklaski
W tym najważniejszym dla nich momencie.

Na scenie lekko podchmielony
Oni ukłony mi dawali
A ja się czułem podniecony
Jak sto lat głośno dla mnie śpiewali.

Zahartowany własną odwagą
Że jestem sławny i sprawy w przód
Poczułem w piersi ostre bóle
I nietypowo cierpki chłód
Tak o futrynę drzwi się oparłem
Podziękowałem im i umarłem.

Warszawa

Moja Warszawo Ojczyzny Córo
Nowa wspaniała teraz odmienna
Wyglądasz bosko owiana troską
Cicha spokojna dobra codzienna.

Wisło ciągnąca się pasmem wodnym
Pamięć wojennej historii matni
Na twoich piaskach Szare Szeregi
Walczyły z wrogiem do krwi ostatniej.

Wiślany piasku dobrze widziałeś
Tych bohaterów dziecięce twarze
Broniących dzielnie swojego miasta
W huku armatnim i słońca skwarze.

Krew nasączyła połacie ziemi
Krzyże drewniane się zaroiły
Trupy poległych obrońców miasta
Popiół i groza Warszawa gasła.

Do ciebie piasku szeptali cicho
Polegli obrońcy tłumnie
    Wrócisz Warszawo jesteś niezłomna
    Głowę do góry uniesiesz dumnie.

Minęły czasy złe i haniebne
Wróg pokonany na rozkaz boski
Warszawa wolna odbudowana
Na wieki zostanie stolicą Polski.

Prawo do młodości

Co pozostało z mojej młodości
To co naprawdę mnie porusza
Dziwne światełko odblaskowe
Młodzieńcza dusza.

Ktoś gdzieś beztrosko się wyraził

Z biegiem czasu

Aleś sobie gościu nawarzył piwa
Śmiesz twierdzić że masz duszę młodą
Ale sylwetka dziwnie krzywa.

Odpowiedziałem słuchaj chłopcze
Musisz zrozumieć to się dzieje
Pogięła mnie czasowa rama
Bo tylko ciało się starzeje
Duszka jest cięgiem taka sama.

I pomyślałem chyba dobrze
Co wylegiwać się na kołdrze
To większą sobie przyjemność sprawię
Jak w piaskownicy się zabawię.

A więc zostałem małą dzidzią
Mamy się cieszą jak mnie widzą
A nawet smoka dają w buzię
I zimne piwko pij łobuzie.

I nikt mi tutaj nie podskoczy
Klapsa mi nie da jestem grzeczny
Wpatrzeni w moje czarne oczy
Tu jestem wolny i bezpieczny.

Chociaż już brodę mam do pasa
Wyglądam może nie jaskrawo
Ale duchowo jestem młody
To moje prawo.

Naturalnie

Co natura sprawić może
Że rozkwitnie nawet małe

W radości i pokorze
Spoli różności ideałem.

Witając uprzejmie mój dzień
Obraziłem swój własny cień
Ale udawanie grzeczne
Może stać się niebezpieczne.

Dopaść więc ukradkiem szczęście
Nie zważając co tam pech
Może w końcu ktoś zrozumie
I podzieli ze mną grzech.

Dawać z siebie to nie boli
W swojej roli dobrze się czuć
Ktoś wrzucił żabę do zupy
Nie od razu musisz pluć.

Oni na mnie popatrzyli
Co za cudo drwiną chełpi
Usłyszeli w odpowiedzi
      Z wami czuję się najlepiej.

Pech że dziś nad samym ranem
Zaskrzypiało mi w kolanie
Później w łokciu w pięcie w głowie
Strasznych myśli dziwne mrowie.

Poradziłem i tym razem
W obronie własnego ja
Coś wpłynęło do umysłu
I kolejny cud nad Wisłą.

Rozdwojenie

Rozdwoić się przyszło
Na dobro i zło
Patrzysz na to wszystko
I co?

Sumienie wyjrzało
Zdziwione że ach
A to co się dzieje jest przykre
Po dach.

A głowy wykręca
Na prawo i lewo
A myśli się gryzą
Dlaczego?

A dobro się spręża
Bo wie czego chce
Dla złego ciemiężcy surowo
Jest nie.

Naocznie się staje
A skały się kruszą
I nowe nastaje
Czy tak się wydaje?

Pokolenia

Pokoleń przeszłych nieskończoność
Grubymi nićmi szytych w zaparte
Dochodząc swego przeznaczenia
Giną uparte.

Otwarte oczy skupione lica
Granic prawdziwych nie posiada
Potwornych napięć i silnej czkawce
Od zawsze.

Cele epoki która nadejdzie
Dumnej przebiegłej rozumnej mitów
W trwałym pochodzie czaru zadumy
Prawdę odkrytą.

Sny idealne a nie spełnione
Pokryte kurzem księgowych wieszczów
To co zostało już przedawnione
Znika bez wieści.

Ołtarze które wznieśli przodkowie
We krwi i pocie jak strofy pieśni
To co zostało niedokończone
Deptane i nie po raz pierwszy.

Osiągnięcia

Co żem osiągnął w życiu swoim
Od urodzenia aż do dziś
A co ma jeszcze do mnie dotrzeć
Niech sobie śpi.

Ktoś się zapyta mnie z nienacka
Ktoś z kim mnie łączą więzy krwi
Oj wyciągnęła ci się jadaczka
Nie głupio ci?

I ogarnęło mnie przygnębienie
A marzy mi się uzębienie

Z biegiem czasu

I nikt mnie nie chce sponsorować
Jak nie żałować?

Patrzę w lusterko kłaniam się sobie
Niezły gość
Ale to wszystko przez urojenie
Myślę dość.

Mój koniec świata

Mój świat przydzielono mi
Pokój łóżko krzesło drzwi
Nie kończy się teraz
A we mnie tkwi.

Później czy wcześniej tak
Łaskawiej czy boleśnie na wznak
Z winy choroby powietrza maski
    Koniec
        Brak łaski.

We wzroku pstrzy się bankowe konto
Przez życie gromadzone grosze
Szkoda zostawić teraz wszystko
I proszę.

Odchodzę w zadumie
Pierwszy raz tak jak umiem
Nie zależy ode mnie nic
Jestem swój widz.

A co na to oni
Składają pobożnie ręce
Modlą się w pokorze

Kogoś telepie o Boże.

A muszę niestety stracić
Pośrednikom zapłacić duże grosze
Za darmo się nie uda odejść
Potarguję się trochę.

Czuję się jakoś inaczej
Chyba tak trzeba
Świeca zgasła duszek ulata
Jestem u siebie w zaświatach.

Poznanie

Ktoś co dobrze siebie znał
Od końca aż do początku
Wiedział co go jutro spotka
Ale nie znał się od środka

Poznał swoją odśrodkowość
O co chodzi w tym pojęciu
Przynależność narodowa
W najlepszym tego ujęciu.

Poznając siebie długo się starał
Sam do siebie się podjarał
I ze sobą zawarł ślub
Wierny sobie aż po grób.

Wirus

Do myślenia to coś zmusza
Wymyślił uczony wirusa
Ot tak sobie dla rozrywki

Z biegiem czasu

Coś takiego do przykrywki.
I zaczęła się zadyma
Na wirusa kary nie ma
Tak nieszczęśnik się rozpuścił
Uczonemu krwi upuścił.

Nie opuszcza prawie knajpy
Dobrał się do starej małpy
Kazał sobie czyścić buty
Wyrywa z gitary nuty.

Człowiek by się zabezpieczyć
Musi się od wirusa leczyć
Ale to już jest przegięcie
Każe płacić za usługi
Wynalazca się wzbogacił
A leczony popadł w długi.

Wiara

Taki jeden chciał do nieba
A to za wszelką cenę
Niestety on w Boga nie wierzył
I znachorowi się zwierzył.

Znachor zadania się podjął
Pragnącemu grzechy odjął
Cały tydzień walczył twardo
Oczywiście nie za darmo.

Wnet dopisał się do konta
I sprawy poszły do przodu
Klient żeby niebo zdobyć

Musiał najpierw umrzeć z głodu.

Winni

Światowych działań rezultat marny
Tumany kurzu zajadłych waśni
Coś co niedługo może się zdarzyć
Może okazać się dniem ostatnim.

Z ludzką głupotą trzeba się zmierzyć
W czoła nielicho ciężkim uderzyć
Wyrzucić sprawy kłamliwe mgliste
Zmienić myślenie na oczywiste.

Z winy zbiorowej zimne cmentarze
Dawnych pokoleń otwarte groby
Należałoby teraz zaprzestać
Los okrucieństwa strasznej choroby.

Czasy

Czasy mamy lekko dziwne
Nie omieszkam faktem błysnę
Trwa moda na zakłamywanie
Dzielnie wodą polewanie.

Weźmy taką telewizję
A różne jej są na czasie rodzaje
Nawijają takie bzdeje
Że aż w głowie mózg kwaśnieje.

Gdy już o telewizji mowa
Najmocniej nawija rządowa
Tu dobrobyt z ust nie schodzi

Z biegiem czasu

Że jajo idzie urodzić.

A co oznajmiają zatem
Robol chodzi pod krawatem
Koń się sam pogania batem
A złodzieje się nie czają
W dzień szybko okradną
A w nocy wolno oddają.

Na ekranach aż się kurzy
Wymyślili coś z ukrycia
Czarne gumy miętą czuć
I nie musisz po nich pluć.

W lato udój sama siara
Polityczna śpiewka stara
Przemalowano na czerwono krowy
I kryzys w rolnictwie gotowy.

Warto wspomnieć o przemyśle
Nie wydaje się tak dumny
Pierwsze miejsce jest na świecie
W produkcji gwoździ do trumny.

Do sukcesu się zalicza
Węgiel sprowadzany z księżyca
Sprejowany w locie farbą
Oczywiście nie za darmo.

Ekran aż od kłamstwa wzdyma
Jakaś polityczna świnia
Pomyliła z kiełbasą ideę
I jeszcze z tego się rżeje.

Wirus woda jest przebrzydła
Na każdym skwerku poidła
I metalowe kropidła
Płaskie talerze na datki
Kwestionariusz na podatki.

To się dzieje aż dziw bierze
W zacnym kraju tak się zdobi
Zastanawia jeden szczegół
Co tam robi w czarnej szacie
Ktoś kogoś tak dobrze znacie.

A oglądający to widzą
Niektórzy wstydzą się aż mdleją
Liczni płaczą i biją brawa
Z pewnością to nie przystawa.

Ktoś się przejął dostał pietra
Wyskoczył z piątego piętra
Chciał od siebie złość odegnać
Nie zdążył się nawet przeżegnać
Wkurzony newsową miarką
Pocałował z betoniarką.

Cóż poradzić w tym temacie
Żeby uspokoić nerwy
Upić się do nieprzytomności
Zaciągnąć się do rezerwy
Adoptować krokodyle
O naszych czasach to tyle.

W pamięci

Przeszły lata wraz z biegiem wydarzeń

Z biegiem czasu

Dzieciństwo z dorastaniem bezpiecznym
Pod rodzinnym słomianym dachem
Otulonym rodzinnie serdecznym.

Kraj mlekiem i miodem płynący
Przejęty przez siły nam wrogie
Zamknęły ludziom dobrej woli
Do pracy radości i szczęścia drogę.

Ojczyzna pogrążona w chaosie
To co się teraz w kraju dzieje
Trudno wytłumaczyć sobie
Dlaczego koniecznością jest emigrować
Żeby godność człowieczą zachować.

Trudno być niewolnikiem
We własnym pięknym kraju
W którym rządzący dobrze się mają
Zniszczyli dorobek wielu pokoleń
W obce ręce Ojczyznę oddali.

Zatroskani o życie naszych rodzin
Niepewni dni kolejnych i godzin
Opuszczamy rodzinne siedliska
Ze smutkiem i pochylonymi głowy
A w sercach ogromny żal ściska.

Nie zapomnimy jak nasi przodkowie
Za Ojczyznę krew przelewali
Kraj zburzony przez wrogów odbudowali
Kto na grobach im świeczki zapali?

Los okazał się dla nas bezlitosny
Opuszczamy nasze miasta i wioski

Z żalem po kryjomu nad ranem
W poszukiwaniu ziemi obiecanej.

Tak ciężko się na obczyźnie odnaleźć
Bez znajomości języka i grosza przy duszy
Harując od świtu do nocy
By było coś do garnka wrzucić.

Jakże często bezradni zagubieni
Na ciężkie próby wystawiani
Niczym płoche stada jeleni
Gęstym błotem nierzadko obrzucani.

Czy jesteśmy szczęśliwi na obczyźnie?
Zapomniani krzywdzeni lecz wytrwali
Krwią i potem zroszone liche konto
W Ameryce Australii czy Toronto.

Bóg pozwoli kiedyś mamy nadzieję
Gdy w Ojczyźnie zakończy się zawieja
Pozbędziemy się rządzącej zgnilizny
Powrócimy do ukochanej Ojczyzny.

Tak naprawdę

Czy tak naprawdę
To wszystko już było
A z jakich przyczyn
Ma się zakończyć na niczym?

Nie zdaliśmy egzaminu z historii
Mimo wysiłków pokoleniowych wyrzeczeń
Pozostały liczne cmentarze
I porozrzucane niedopalone świece.

Z biegiem czasu

Były pojednania traktaty pokojowe
Zawierane między narodami
Kończyły się i rozpoczynały
I nic dla pokoju nie dokonały.

To my istoty ludzkie
Stworzeni do życia w pokoju
Dokonujemy rzeczy straszliwych
Rzezi i okropnych rozbojów.

Nasze wasze i ich miłości
Przeplatane pychą chciwością i halucynacją
Często zapisywane w kronikach
Z niczyją zakłamywaną racją.

Pseudo bohaterzy waleczni hipokryci
Bezwzględni nieuczciwi zaborcy
Odznaczeni chełpiący się sławą
To po was pozostały opuszczone
I zarośnięte chwastami cmentarze.

A można odnieść wrażenie
Że zostało nam już tylko myślenie
Oczekiwanie na kolejny koniec świata
Dzieła koślawej idei i udawanie wariata.

Niewola

Czasy niewoli normalność znikła
Dym pod obłoki nad miastem wioską
Krew polska toczy się potokami
Nasz kraj wesoły idzie w popioły.

Otwórzcie oczy ludzie normalni
Weźcie się wreszcie za swoich panów
Którzy traktują was tyrających
Jak przysłowiowe stada baranów.

Masy harują od świtu do nocy
Za marne grosze zginają karki
Naocznie widać ten niedostatek
Od własnej pracy płacisz podatek.

Rolnik pług ciągnie nie stać go na traktor
Nagły wypadek zawał czy zator
Nie dasz łapówki znikasz po prostu
Boś jest zwierzęciem trzeciego sortu.

Cóż na biedaka dziś lachę kładą
Jedno masz wyjście więc zdychaj dziadu
Co pozostało jakie jest wyjście
Czekać na koniec na Boga przyjście.

Woda święcona tylko dla bogaczy
Za pokropienie drogo się płaci
Więc się na koniec wódki nażłopał
Siły ostatkiem dół sobie wykopał.

Żywot rolnika jest zakończony
Grób zasypały jeże wiewiórki
Rolnik spoczywa tam ukojony
Zadowolony teraz ma z górki.

Wyspa szczęścia

Stronice księgi zapisanych wierszem
Prawdziwie mogą uzdrowić duszę

Z biegiem czasu

Sprawić że nadejdą jak uspokojenie
Znikną zwątpienia i niechciane głusze.

Na wyspie szczęścia bezludnych bezkresów
Gdzieś w samotności przy żarze kominka
Wiatr huczy srogo deszcz strugami leje
Budzą się myśli nad wyraz przejrzyste
Prawej wolności wspaniałe nadzieje.

Poczuć się wolnym od zwykłego zgiełku
Gdzieś na bezludnej wyspie oceanu
Gdzie nikt nie pyta nie żąda niczego
Na horyzoncie nieba przestrzennego
Po wielkiej burzy roziskrzone niebo.

Boże dobroci lotną przeplatanką
Ukołysaj do snu duszną kołysanką
Niech muzycznych dźwięków się wyrażą
A we śnie naszym gwiazdy się ukażą.

Na szczęśliwej wyspie pragnę spędzać chwile
Wśród kwiatów polnych lecące motyle
Na piasku gorącym nożynki prostować
I ciała gorące w wodne fale chować.

Wierzę że sen się spełni po pierwsze
A co jest najważniejsze
Podaruję Żonie Teresce bukiecik różyczek
A Córeczce Joasi leśnych jagód pełniutki koszyczek
W noc upojną wesołą bezpieczną
Niezapomnianą kolorową bajeczną.

Czas i my

Udzielamy się w życiu codziennie
W imię czego tak naprawdę nie wiemy
Dzielimy się chlebem i solą
Z prawem do życia i wolną wolą.

Proszę spójrzmy tak z innej strony
Świat tak prawidłowo stworzony
A nasuwa się takie pytanie
Czym jest nasze przemijanie?

Przemijamy bez żadnych dowodów
Tak zwyczajnie z jakiegoś powodu
W imię czego dla kogo i po co?
Trudzimy się dniem i nocą.

Przemijamy z kolejnym oddechem
Pełni wiary miłości bojaźni
Czy aby to co utwierdza się w nas samych
Nie jest wymyślone prawdziwe i odważne.

Przemijamy dosłownie z wiatrem
My widzowie wszystkowiedzący
Bez naszego udziału znikamy ze sceny
Tak niepostrzeżenie niechcący.

Wiara w Boga z życiem się zgadza
Coś się w naszych umysłach odradza
Ze wstającą nadzieją poranną
Tak po prostu żyjemy za darmo.

Z biegiem czasu

Wolno biednemu

Własnego czasu panem jestem
Ale nie jestem taki bogaty
Tutaj różnicę to widać taką
Że żyje tylko z niskiej wypłaty.

A często jam jest niezadowolony
Bo omijają mnie te miliony
I gromadzone w ich bankach złoto
Doprawdy nie rozumiem po co.

Trudno zrozumieć jest biedę
Stan majątkowy tak byle jaki
Na wędkę można wziąć pożyczkę
Ale już nie stać na robaki.

Biednemu płakać to nie przystoi
Bo po trzeźwemu to nawet dziwnie
Spróbować ukraść gruszkę w sklepie
Czy to wygląda na pozytywne?

A czy to prawda że bieda boli?
Tego nie wiedzą nawet i króle
A niewolnicy tacy z ulicy
Na pięciu dzielą jedną cebulę.

Mijają wieki budowle płoną
Ktoś pomyłkowo sam siebie pobił
Prawie się zabił stracił przytomność
Niektórzy mówią że dobrze zrobił.

Komu tu wierzyć komu zaufać
Z kim się podzielić ostatnią kromką

Co osiągnąłem podczas istnienia
Czym się pochwalę swoim potomkom?

Żem miewał często pamięci zanik
Za pożyczone dawałem w palnik
Teściowej ukłon dawałem rzadko
A darłem koty z własną sąsiadką.

Do świętych w niebie były pretensje
Częstom przeklinał na niską pensję
Zamiast do domu zbaczałem z drogi
Trudno się dziwić żem dziś ubogi.

Czas i my

Jestem teraz i tutaj czy przypadkowo
Siedzę na stołku przy stołowym blacie
Obserwując strugi deszczu za oknem
Witam wszystkich
        Dzień dobry jak się macie?

Żyję i mam prawo mieć pretensję
Tylko nie wiem do kogo i o co
Czy o to że piłem kozie mleko
I od tego mnie policzki pieką.

Pretensję do soli że jest gorzka
A powinna być na odwrót słodka
Czy do fortuny co mnie ominęła
I nic dobrego mnie w życiu nie spotka.

Ktoś powiedział   posiadaczu wolnej woli
        Czy to prawda? Czy program wypali?
        Co nadejdzie i kiedyś się oddali

Z biegiem czasu

A tak naprawdę to czym się tutaj chwalić.
Myślisz długo i namiętnie
A może tylko tak się wydawało
Jesteś w ciele i duchem w obłokach
Nic innego ci nie pozostało.

Tylko wspomnienia z przeszłości
Czas rozterek nadziei i marzeń
Zapisane w kronice zdarzeń
A co dalej to przyszłość pokaże.

Słowa Stasia Pyska o Teresce z bliska

Teresko masz oczy niebieskie
A buzię zawsze uśmiechniętą
Od dawna teraz i wczoraj
Nieważna pora.

Teresko jesteś moim Aniołem
Z Tobą życie jest piękne i wesołe
Uzdrawiasz swoim spojrzeniem
I w oka mgnienie.

Droga Teresko śliczny skarbeńku
Bardzo Ciebie kocha Pysek Stasieńko
I wierzy Tobie z każdą potrzebą
Masz w oczach niebo.

Tereska uwielbia kwiaty
Różyczki i rzeczne kaczeńce
W ogrodzie na tyle chaty
Jest ich najwięcej.

Co śmielsze jest nawet od marzeń
Została królową sernika
I stworzy wspaniałe dania
Na zawołanie.

Miła Teresko dobrze by było
Co życzysz sobie wszystko się spełniło
A my wszyscy staniemy chórem
Za Tobą murem.

Moja poezja

Moja poezja jak błękitna tęcza
Wartko mknie w gąszczu
Pojawia w przełęczach
Przemierza drogi i otchłanie wodne
Przy płomieniu świecy w fotelu wygodnie.

Z mojej poezji skromnego czytania
Zawsze się prawda potężna wyłania
Smagana czasem jak ognistą rózgą
Łomoce w sercach i szczebiocze w mózgu.

Pod polskim niebem rozłożystym dębem
Czytając wiersze mądrości nabędę
Na pewne sprawy uczulę duszę
Odświeżę pamięć radość w sercu wzruszę.

A tak naprawdę o czym mówią wiersze
O dniach zwyczajnych słońcu i pogodzie
O wielkim męstwie bohaterstwie modzie
O dumnym królu szacunku i bólu
O pochylonej matce nad kołyską
O tym że Bogu zawdzięczamy wszystko.

Z biegiem czasu

Prawdziwie o poezji

Grzmij prawdziwa poezjo
Niech się mury trzęsą
Aż się chmury rozlecą kłębiaste
Daj swój wyraz w potoku słowach
Za serca czytelników chwytaj
Udzielaj się pokrzepiaj na duchu
Wyzwalaj rozweselaj i pytaj
Pod każdą strzechę domu zawitaj
Patrząc z nadzieją w przyszłość
Co nie może zranić
Uparta i zasadnicza
Nie daj się omamić.

Moja poezjo wesoła
Kraśna niczym misiaczek z obrazka
Przeniknięta żarem ducha
Smagana wiatrem i niepokojem
A jednak obrastasz w siłę
Chlebem powszednim i wodnym napojem.

Zapraszam ciebie droga poezjo
Proszę przyjdź kiedy życzysz sobie
Jestem zawsze na ciebie gotowy
Bezgranicznie zaufałem tobie.

Pokaż się światu całemu
Silna wspaniała i wielbiąca życie
Wierzę że dobry Bóg mi pomoże
Marzę o tym nieustannie skrycie.

O poetach

Być poetą to prawdziwym i rzetelnym
Mądrym docenianym i znanym
Zwyczajnym lubianym człowiekiem
Nigdy odwrotnie byle nie chamem.

Komu służyć rządzącym na górze
Czy robotnikom w słonecznym skwarze
Bezdomnym szarpiącym struny
W zużytej od starości gitarze.

Pisać o posągach kamiennych
Użalać się nad papugi losem
Krytykować i wciskać kit
Udowadniać że to jest ten hit.

A w końcu to i o co się spierać
Pisać pod dyktando darmozjada bezmózga
Ktoś nie podziela twoich poglądów
Inaczej wyrażasz opinie i kolejna rózga.

Pisanie sprawiedliwie niemile widziane
Pomówienia imaginacje to się zdarza
Zainteresowała się osobą ekipa rządowa
O szóstej przymknęli pisarza.

Jest proces pośpiech zmyślna lipa
Paragrafy za obrazę władzy.
 W więzieniu w chorobie w smutku
Woła pomocy niestety bez skutku.

Niechlubne pretensje do władzy
Karykatura pisemne podszepty

Z biegiem czasu

Doktor więzienny i kolejna diagnoza
Napisano zgłupiał do reszty.
Dramaty po kryjomu tworzy obszerne
Poematy wiersze i nowele
Pomagają konspiracyjni przyjaciele
Niesłyszalny ale prawdzie wierny
Zapomniany i bezimienny.

Zmiana w pisarskiej nowej roli
Jest słaby bezbronny samotny
Nie narzeka nic go już nie boli
Poeta nieposłuszny w swojej roli.

Przypadek sprawił że urodził się w ustroju
Gdzie prawda była okłamywana
O którym się wyrażał jadowicie
Ryzykując własnym życiem.

Lata minęły nowe narastają epoki
W gruzach legły dawne poglądy
Zmieniły się państwa i sądy
Dzieła poety więziennego stały się sławne
Oprawione w ramy wystawne.

Jak ocenić powinien siebie poeta
Gdzieś w przestworzy niewidzialnej górze
Sławę ziemską niewolą przypłacił
Co zyskał a co może stracił.

Najważniejsze

Wydawałoby się że pewnych działań
Można byłoby zaprzestać

Żeby żyć nie sposób się nie odżywiać
Spróbujmy się w temacie sprzeciwiać.

Ze spaniem jest trochę inaczej
Ale problemu to już nie zmienia
Śpimy sobie ot tak z przerwami
I to już tak od urodzenia.

Wszystko idzie zgodnie w parze
Nie da się grać na gitarze
Biegnąc nie odpoczywając
Śmiać się płakać szlochać
Ale można bez przerwy kochać.

Miłość nieprzeciętna i zawiła
Uczuciowo jako niepojęta siła
Prosta piękna jak na zawołanie
Była będzie i na zawsze zostanie.

Kredkowe życie

Narysował przebieg wydarzeń
Nie mając nic do ukrycia
Od kolebki w buzi ze smokiem
W kolejności z każdym rokiem.

Cóż widzimy błyszczące słońce
Gdzieniegdzie obłoki kłębiące
Mgłę wijącą się o poranku
Z pogodową przeplatanką.

A tu nagle pojawił się zombi
Odbiło mu zaczął trąbić
Ogłaszając rychły koniec świata

Z biegiem czasu

W tym roku i to na końcu lata.

A co to by miała znaczyć
Kreskowa apokalipsa
Ze samym świtem do chaty
Komisja skarbowa przyszła.

I kolory niestety diabli wzięli
Wszystko bezpodstawnie zagarnęli
Zostały tylko miejsca pokraczne
Zdarzenia nietypowe nieudaczne.

Wydawało mi się

Wydawało się że umarłem
Wyrzucony zostałem za burtę
Być może serce mi wysiadło
Coś nagle się we mnie rozpadło.

I nastała myślowa dziwna pustka
Nietypowa mierna i niejasna
Znika chęć do dalszego życia
I duma uczuciowa własna.

Szarpie ciałem i wzdrygają nerwy
Całość krwawi dławiona i przerwy
Poznania bezimienne płaczące
Źrenice oczu ze zmrokiem walczące.

Nastająca obojętność a z nią cienie
Pełzające na czworakach sumienie
Niepewność doczekania jutra
Niebywale gorzka i smutna.

Co począć jak zaradzić sytuacji?
Koniec kropka rychły koniec wakacji
A właściwie to za późno się wybielać
Bóg pozwolił żyć dalej szkoda umierać.

Zamilknąć na zawsze

Udać się to może nie jednemu z wielu
Zakończyć pielgrzymowanie w fotelu
Z sytuacją którą dnia pewnego się starłeś
Nie żałujesz że wtedy nie umarłeś.

Opłaci się zakończyć swój byt spokojnie
W domu własnym nie gdzieś na wojnie
W kłębach dymu huku dział honorowo
Z przebitą na wylot zakrwawioną głową.

Co znaczą wyrazy na cmentarnym słupie
Zostałeś bohaterem młody czy stary
Za srebrniki judaszowe się sprzedałeś
Wstań przejrzyj na oczy
Przekonaj się co tak naprawdę wygrałeś.

Na niby bohaterscy najemnicy i bojówkarze
Historia niedługo całą prawdę ukaże
Jak to można zabijając kogoś się upodlić
A ktoś każe się jeszcze za złoczyńców modlić.

Rozumiem Ciebie Teresko

Nie wiem do kogo mam się zwrócić
Poprosić o pomoc rychłą
Żeby pewne sprawy zrozumieć
By to o co tak często proszę

Z biegiem czasu

Do mnie jak najszybciej przyszło.
Zwykły piątek ciemno za oknami
Deszcz leje ulewny jak z cebra
Może piorun gdzieś blisko gnmotnie
I przegoni moje lęki bezpowrotnie.

W głowie myśli kotłują się zwoje
Miewam dziwne nieokreślone nastroje
Coś takiego jak koślawe niepokoje
Czasem własnych myśli się boję.

Wydaje mi się że dużo umiem
Ale często sam siebie nie rozumiem
Wiem że nieraz to bywam szalony
Ale dumny ze swojej żony
Połączeni w małżeństwie przez Boga
Wspólnie brniemy po życia drogach.

Wiem i rozumiem Ciebie droga żono
Obdarzyłaś mnie miłością nieskończoną
Ubarwioną promieniami radości rozkwicie
Na niebios zapisanym błękicie.

Pragnę i proszę Boga by się więcej naumieć
Na tysiąc procent Ciebie Teresko rozumieć
Pomyśl tylko żem jest pisarzyna ubogi
A los rzuca mi kłody pod nogi.

Myślałem o tym długie godziny
Codziennie o wczesnej porze
Gdy na niebie zawitały zorze.

Do siebie mogę tylko mieć pretensję

Ale nigdy nie do Ciebie drogiej żony
Jestem Tobą Teresko zauroczony
Tak naprawdę oboje dobrze to znamy
I wzajemnie sobie ufamy.

Pragnę z Tobą zawsze wspólnie marzyć
Chociaż nie umiem tego słowami wyrazić
Proszę Boga by mi pomógł umieć
Żeby Ciebie Teresko jeszcze bardziej rozumieć.

Ufam tobie Teresko moje ździebełko
Dzielisz ze mną tęsknotę i ciepełko
Będziemy zawsze razem mimo różnych trudności
Pełni zapału hartu ducha i mądrości.

Tyle nocy i dni już za nami
Dzieci dorosły wyjechały
A czas płynie szybciutko jak z górki
Jak niezbadane życiowe powtórki.

Czas na urlopie

Koniec zimy wiosna za pasem
Pomyślałem porozmawiam z czasem
Niech się w końcu na urlop wybierze
Nad ocean gdzieś się doczłapie
I zatrzyma na tym etapie.

Zacząłem posłuchaj mnie czasie
    Kiedy zechcesz to na sto procent da się
    Wiem że jesteś porządny i równy gość
    Zatrzymaj się to znaczy zrób stop.

Czas zatrzymał się spojrzał na mnie dziwnie

Z biegiem czasu

Pojął że to sytuacja jest dość niezwykła
Obiecał że się przyjrzy tej sprawie
Będzie to kosztować tylko pół litra
A do tego jakaś zagrycha
Ale musi wtajemniczyć Zdzicha.

Czas Zdzicho i ja
Wybraliśmy się w sobotę do knajpy
Żeby dobić targu z czasem
Spotkaliśmy się pod lasem.

Nie narzekam bo źle nie było
Na flaszce się jednak nie skończyło
Pękła prawie tylko niewielka beczka
I z portfela grosiana gotóweczka.

Teraz powiem było miło i przyjemnie
Czas zatrzymał się w Zdzichu w czasie i we mnie
I to nawet na bardzo długo
Zasnęliśmy nad wodną strugą.

Protesty

A tak do końca to nie wiadomo.
Po co te wszystkie działania testy
Skąd się stwarzają te niepokoje
I narzekania ciągłe protesty.

Trudno zrozumieć o co tu chodzi
Z dobrych zamiarów nic nie wychodzi
Z jakich to przyczyn mamy ten podtekst
Rodzi się protest.

Przykro oglądać i tego słuchać

Że coś takiego musi wybuchnąć
I bardzo często kończyć dramatem
Komu najbardziej zależy na tym.

Zło

Czy ktoś na przykład rozważał to
Skąd się ot tak wzięło zło?
I od wieków nas napieprza
Z kosmosu wody i powietrza.

A więc jak to powstać miało
A wcale jest tego niemało
I dużo się o tym gada
Choć czasami nie wypada.

Warto wspomnieć tu o jednym
Zło najczęściej przytrafia się biednym
Ale zdarza się bogatym
W zależności od wypłaty.

Należy poruszyć i to
A co to jest to co zwie się zło
Krzywe dziwaczne koślawe
I po prostu nieciekawe.

Coś takiego w oczy kole
Ukryte w sianie w stodole
Nawet w kapuścianym głąbie
Zawsze w atomowej bombie.

Zło rozwali narzeczeństwo
Pobudzi do płaczu maleństwo
Wkurzy teściową po cichu

Z biegiem czasu

I pijaka po kielichu.

Zło niszczy automatycznie
Fizycznie i psychicznie
Twarde mury pokruszy
Nie nie oszczędzi ludzi przyrody
Ognia kosmosu i wody.

Wielkie oczy

Wielkie oczy ma ona
Okrywa się powietrzem
Nie doznaje kłopotów
Posiada cechy najlepsze.

Podpiera się przyszłością
Nazywana jest radością
Uśmiechnięta dniem i nocą
Gorąca uczuciem i mocą.

Radość to jest nasza przyszłość
Z rodzoną siostrą miłością
Zasiana w człowieczej jaźni
W dążeniu do świętej przyjaźni.

Radość ukrywana w kwiatach
Uśmiechu małego bobasa
Matczynego spojrzenia z troską
Jest nieodłączną i boską.

Radości bądź w nas zawsze
W naszych marzeniach codziennie
Współtwórcą naszego istnienia
Najdoskonalszy dobrodziej.

Popatrzeć

Teraz tutaj i w strofach wiersza
Popatrzeć na na piękną okolicę
Wielkie mury baszty i iglice
Krzyże na górze w przestworzy
Dom spotkań chrześcijański boży.

A w środku twarze spracowanych ludzi
Których dźwięk dzwonów kościelnych budzi
Wierzących i idących z Bogiem
Jako jedyną do zbawienia drogę.

Poranek

Jutro będzie weselsze i lepsze
Po nocy przespanej i odpoczynku
Obudziwszy się otworzyłeś oczęta
Co ci się śniło dokładnie nie pamiętasz.

A poranek uśmiechem nas wita
Przypadkiem ktoś o zdrowie zapyta
Za oknami warkot samochodu
Główka w górę i ruszamy do przodu.

Czarna kawa i na mleku otręby
Zimny prysznic i umyte zęby
Patrzysz w okno pogoda nie najlepsza
Drzwi otworzyłeś i zamarłeś z przerażenia
Na zewnątrz ani pęcherzyka powietrza.

          Co się stało!
To niemożliwe u kuruca

Z biegiem czasu

I wtedy odezwały się płuca
A nos mi opadł na kwintę
I usta puściły na gwincie.

I któż by przewidział taką sytuację
A żeby to czarci nadali
Sprzedali wszystkie powietrze
I nikogo się o to nie pytali.

Czy można żyć bez tlenu nie sądzę
Ten kto to zrobił musi wiedzieć
A można za to pójść siedzieć
Ale po co się martwić za wcześnie
Bo to wszystko zdarzyło się we śnie.

Dwie dziewczyny

Dwie dziewczyny Tereska i Grażynka
Że tak powiem już kobiety dorosłe
Robią sobie wycieczkę w przestworza
Piętnastego maja wieczorem na wiosnę.

O tak po prostu i zwyczajnie
W górze jest tyle miejsca i jest fajnie
A trasa nie tak bardzo długa
A słoneczko przez okienka mruga.

Szkoda że tam daleko w górze
Nie rosną czerwone róże
W tej wielkiej niezbadanej otchłani
Osobiście bym pofrunął zerwał róże.

Dogonił samolot i podarował pięknym paniom
Piękne bukiety z życzeniami szczęśliwego lotu

Miłego spędzenia czasu w Chicago
I szybkiego powrotu.

Do Krzysia i Stasia Pyska
Z uśmiechem i czułą uwagą
Pozdrówcie Joasię Tomaszka i Darusia z rodziną
I wszystkich przyjaciół w Chicago.

I to by było na tyle
Czekamy na was dziewczyny
Najdroższe żony wracajcie
Do swoich chłopaków w Lawrenceville.

Myślowi gracze

Wydawać by się mogło że musi być tak jak chcemy
A jest zupełnie inaczej
Oznacza to że mamy mało do powiedzenia
My ludzie życiowi gracze.

Nasz program i myśli w nim zawarte
Skomplikowane i bardzo złożone
Wciskane w mózg żyjącej istoty
W zdarzenia miłości tęsknoty.

To właśnie my życiowi gracze
Zgromadzeni pod jednym parasolem
Przechodzimy przez te programy
Rodzimy się żyjemy i umieramy
I niestety do końca nie wiemy
A szkoda że wszystkiego nie rozumiemy.

Sumienia

W umysłach ludzkich zawrzało
Co niektórzy aż na górę wyleźli
Stało się że do pewnego miasta
W niedzielę sumienia przywieźli.

Zdziwiony Antoni i Genia
W maleńkich pudełeczkach sumienia
I nawet niedroga cena
Złotóweczka za deko sumienia.

W ogromnej kamienicy przy ulicy
Panowie w czarnych sukniach i biretach na głowach
Czyniący dziwaczne gesty
Bardzo zachwalają swój towar.

I stała się rzecz niepojęta
Na kupno towaru nie ma klienta
Dlaczego to tak się dzieje
I jaka przeszkoda istnieje?

Sumienia pochodzą ze dworu
Są własnością niemiłych aktorów
Sprawa niemiła przewlekła
I teraz wiadomość wyciekła.

Narobiło się

Ale się narobiło kurde
Nie do wiary proszę państwa
Masowo zupełnie legalnie
Nowe powstają firmy
W których pracują ludzie

Co umieją dobrze nawijać
To znaczy z prawdą się mijać.

W fabrykach na zawołanie
Produkują kłamstwa dziwne i tanie
Po grosiku i złotówce
Do wciśnięcia w każdej główce.

Kłamią długo i uprzejmie
Na zebraniach i konferencjach
Już oficjalnie nie po kryjomu
Czy coś takiego śniło się komu.

Ktoś może często drapie się w głowę
Skąd biorą się sprawy i zespołowe
Wydumane gdzieś z kosmosu
A w telewizji tyle rozgłosu.

Ktoś nowy kontrakt podpisał z Tytrą
Od dziś bezpiecznie używasz brzytwą
Golisz na dole oraz na górze
Płatne kieszowo można w naturze.

Na salach obrad ściema legalna
O to że wrona zawsze ma rację
A pszczoły w ulach to już od grudnia
Mogą używać soli w wakacje.

Ktoś się pomylił i słuchy poszły
Że jednej gęsi rogi urosły
Cóż zatem zdziałać w tym to temacie
Popieraliście to teraz macie.

Kto i dlaczego tak się przyczynił?

Świnia z wiewiórką jak tu wojować
Czy to możliwe żeby koń mrówkę
Za jakąś kasę chciał pocałować.

Ale niestety to już się dzieje
Jak w kopę wdepnąć wtedy stwardnieje
A kiedy kopniesz zrobi się rzadkie
Jak się pośliźniesz grozi upadkiem.

Zmyłka

Trudno uwierzyć tak wielka wpadka
A to spotkało biednego Władka
Kiedy ten chrapał we własnym łożu
Ktoś mu pod kołdrę jaja podłożył.

Ustawił zegar by się nie spóźnić
Dobre od złego umiał odróżnić
Jak się obudził zachodził w głowę
Swoje rozumiał skąd zapasowe.

Zwykły poranek tak jak codziennie
Czas był do pracy umył patelnię
A się zagapił przez niepokoje
I przypadkowo usmażył swoje.

Żona się wściekła to już przesada
Nie było wyjścia wygnała dziada
Stracił chałupę i jaja dwa
Był nierozsądny to teraz ma.

Ale frajda

Ale frajda wielka radość

Sprawiedliwości stało się zadość
Zrobiło się bardzo głośno
I się stało znikła starość.

A wiadomo o co chodzi
Wszyscy nagle stali się młodzi
Znikły babcie i dziadkowie
To wszystko nie mieści się w głowie.

Nikt nie chodzi już nadęty
Z gry wypadły wszystkie renty
Listonosze na urlopach
Odmłodniała Europa.

A młodości widać skutki
Dziadek nażłopał się wódki
Babci nie ma i nie łaje
Fajnie że aż serca kraje.

Już nie musisz dziada zgrywać
Swobodnie można podrywać
Kiedy tylko i masz chęć
Zawsze lat trzydzieści pięć.

Zajrzeć do przeciętnej chaty
Nie pośledzi garbatego
Nikt pół dnia nie robi siku
Zniknęły problemy nocników.

Biustonosze brawo w przód
Buzie pachną kilometrem
Babcia rzuciła laskę w kąt
To jest sukces nigdy błąd.

Z biegiem czasu

Nic dziwnego seks na modzie
Niezła laska w samochodzie
Młodym nie wstyd się podjarać
Musisz się o względy starać.

Wygląda to nawet ładnie
Teraz wcześniej nie opadnie
A jak nawet wnet powstanie
Jak trzeba to na żądanie.

Babcie wyrzuciły proszki
Nie narzekają nie psioczą
Nie mlaskają podbrykują
I w ogóle się nie pocą.

Dziadek co nie śmierdział groszem
Bo emeryturka słaba
Przechyla pół litra na głowę
Już nie dzieli na kieliszki
I nie dostaje zadyszki.

Budżet państwa urósł w siłę
Zrobiły się oszczędności
Skończyły się wszystkie problemy
Dzięki nastałej młodości.

Ale w końcu się dowiecie
To prawda o innej planecie
Na której czas nie istnieje
I dlatego tak się dzieje.

Dziwne

Tak dziwna jesteś planeto ziemio

Beztrosko sobie figlujesz w kosmosie
Decydujesz kto po tobie stąpa
O każdym istniejącym losie.

Nasza ziemio wiwatująca na orbicie
W kosmicznym układzie planetarnym
Na wyznaczonej boskiej przestrzeni
W blasku słońca o wstającym świcie.

Wielka bryło obdarzona czasem
Co z nikim i niczym się nie liczy
Nie zatrzyma się nawet na sekundę
Na zadawane pytania milczy.

Z lotu ptaka wydajesz się niewielka
Ale uparta silna i odważna
Obdarzona we wielkie siły przyciągania
Odpowiadasz na każde wyzwania.

My ludzie zwykli gracze jak pisklęta
Matka ziemia zawsze o nas pamięta
Karmi i pociesza ukoi w bólu
A po czasie do snu utuli.

Dziewczyny kochane wróciły

Dzisiaj mamy wielkie święto
Maj dziewiętnasty 2019 rok w niedzielę
Kto by pomyślał że to normalność
A dzieje się tak naprawdę wiele.

W ten dzień majowy bajeczny
Dowiemy się o tym za chwilę
Tereska i Grażynka z weekendu w Chicago

Z biegiem czasu

Wróciły do Lawrenceville.

Rozradowane dziewcząt miny
Lot jak zwykle dwie godziny
Przebojowo nadzwyczajnie
Wylądowały i jest fajnie.

Bywaj przestrzeń witaj ziemio
Tych chwil się nie zapomina
Można by rzec że za krótko
Ale to niczyja wina.

Krzysio i Staś Pysek są z wami
Łączymy się wspólnymi myślami
A czas chłopcom bez was się dłuży
Powstają rozterki duże
Witajcie w domu roześmiane buzie.

Mąż

Prawdziwy mąż nie kłamie
Pracuje od świtu do nocy
I wraca po pracy wcześnie
A nigdy po północy.

Nie zerka na żony niczyje
Ba nigdy się nie dokłada
Ale za swoje nie pije
Pożycza od sąsiada.

Prawdziwy mąż to pożąda
Swojej nie cudzej kobiety
Dlatego gdy jest potrzeba
Jest wierny do grobu niestety.

Stara się chłopczyna
By akceptować porządek
A nie zakąsza mięsem
I w poniedziałek czy w piątek.

On słucha się na sto procent
We wszystkim swojej żony
Dlatego osiągnie zapłatę
I nie będzie wygoniony.

Nasze myśli

Myślą przebiegasz wszechświata zarysy
Nie dojrzysz końca ani początku
Możesz jedynie przypuszczać w myślach
Tylko parę przeżytych z życia wątków.

Składanki zdarzeń i spraw pogmatwanych
W jedną się kroplę maleńkości zmieści
I stworzy rodzaj dziwnego impulsu
O niewiadomej niezbadanej treści.

A z upływem nieokreślonego czasu
Nic do zyskania i stracenia
Co biegnie powraca o tej treści
Buduje i scala na powrót pomieści.

Prawo natury jak przebiegła żmija
Faluje kąsa bezpowrotnie przemija
Nowe przychodzi i umiera stare
I barwnie pokrywa co sine i szare.

W prawie wszechświata sekundy

Z biegiem czasu

Początek końca szalonymi wieszczą
I wszelkie związane z tym nauki
W obrębie zdarzeń się nie mieszczą.

Zalety makaronu

O makaronach mówię piosenki
To wytwór mączny gruby i cienki
Po makaronie dogodzisz żonie
Staniesz do ćwiczeń na poligonie.

Dobry makaron to potrawa ekstra
Niezłym kąskiem jest pod pół litra
Po makaronie nie straszna praca
I jesteś wolny zawsze bez kaca./

Żeby więc taki makaron stworzyć
Oj trzeba pracy wiele w to włożyć
To nie są żarty wyrazy z kropką
Coś na ten temat powie Pan Konopko.

To rzeczywistość to nie jest bajka
Mister Konopko to gość nielichy
Kiedy był młody to nie zakąszał
Buzi nie krzywił i się nie dąsał.

Na stole misa sto cztery jajka
Pięć kilo mąki i do roboty
Mister Konopko pełen ochoty
Sypnąwszy mąkę do wielkiej michy
Następnie jajek koło czterdzieści
Ledwie się wszystko ciasto pomieści.

Hulaj dusza aż stół się rusza

Mister Konopko łyżką porusza
Aż się napusza pręży muskuły
On na gniecenie jest bardzo czuły.

Minut dwadzieścia gniecenie trwało
A w międzyczasie mleko się wlało
I przy tym dużo potu wylało
Ale nie widać tego po chłopie
Co prawda długo jest na urlopie.

I tak być musi taki ten świat
Zaznaczam przy tym że to gość dziarski
Że mu robota w rękach się pali
Spróbuj przeszkodzić podczas gniecenia
To może nawet kluskiem przywalić.

Mister Konopko ma ładnie w domu
Noże toporek i dwie siekierki
On zgina pręty i łamie barierki
Wbija rękoma gwoździe w sztachety.

Ale powrócimy do makaronu
Takie zagniecione ciasto na placek
Mister Konopko kładzie na tacy
I tnie toporkiem na małe części
Równo pocięte paski mączne
Szybko do garnka będą wrzucane.

Do makaronu chlup mleka miarkę
I zapaliwszy gazy pod garnkiem
Usiadł na krześle patrzy spod oka
Będzie próbował makaron cmoka
Do makaronu dosypał soli
I jest potrawa głowa nie boli.

Z biegiem czasu

Goście się zbiegli makaron zjedli
Potężny garniec zawiózł dla wnuczka
Jadł go syn wnuczek synowa sąsiad
I mała suczka.

Wszyscy są zdrowi nikt nie ma kaca
Zrobić makaron to ciężka praca
Mietek Konopko w pierwszym czytaniu
Ma pierwsze miejsce w czym?
W gotowaniu.

Coś takiego

Koń wpadł w depresję stoi nad grobem
Policja węszy co się stało ze żłobem
To nie do śmiechu bo i pasza znikła
Co na to począć sprawa jest przykra.

Lecz to nie wszystko bo bat ukradli
I całą uprząż ale podpadli
A na dodatek i wóz ktoś sprzątnął
Ogromny smutek konika dotknął.

Lecz pan jasnowidz orżnąć się nie dał
Rozwikłał sprawę pan ziemię sprzedał
Całą oborę uprząż i bat
Koń się dowiedział z goryczy padł
Cóż z sytuacji może wynikać
Pan zgarnął forsę koń musiał znikać.

Lepiej by

Lepiej nie mówić nie płakać

Śmiać się nabzdyczyć
Wybaczyć walczyć
Pieniędzy pożyczyć.

Plany układać wpadać w kłopoty
Może udawać i drzeć z kimś koty
A może jednak w pierś się uderzyć
I być uczciwym daleko nie mierzyć.

Śmiech do rozpuku gdy na płacz się zbiera
O byle coś tam to się nie spierać
A jak udawać to milionera
A może ciągle żyć nie umierać.

Patrz

Pani w klasie mówi
    Jasiu nie spoglądaj na Kasię
    Ona się ciebie wstydzi jesteś garbaty
    Czy ty tego nie widzisz? Jesteś za młody
    I Kasia nie pójdzie z tobą na lody.

Kasia zarumieniła się
Spojrzała w stronę pani nic nie powiedziała
Tylko pomyślała
    Ja Jasia nie opuszczę za żadne skarby
    Nie przeszkadzają mi jego dwa garby
    Jest krzywy lecz ma piękną duszę
    Na lody iść z nim muszę.

Narrator w kącie się plącze
Dziewczyna ma rację
Partnerów dobiera sam Bóg
I przykład królowa była garbata

Z biegiem czasu

Dziewięćdziesiąt dwa lata
Ale w sobie coś miała
A jej narzeczony był biedny z lasu
Ona go kochała mimo braku czasu
A co tam garb
   Z przodu miał skarb.

Duch z góry ogłasza werdykt
Pani w klasie nie ma racji
Ostatni dzwonek i czas wakacji.

W poszukiwaniu prawdy

Czas ściga się z potrzebą i odwrotnie
Potrzeba z czasem to utwierdza
Wspaniałych dni odkrytych dróg duchowych
Jak już przebytych zdarzeń silna twierdza.

Przekreślić to co przeszło było dawniej
Wyrzucić spalić i zapomnieć też się nie da
I kupić to co czego jeszcze nie ma
By później to co jest nabyte z zyskiem sprzedać.

Zawiłych pomówień zdarzeń i agresji
Nie można tak naprawić jednym gestem
Nie wiemy co przyniesie nam jutro
To wiem na pewno teraz żyję
                        Jestem.

Myśl ludzka myśli boskiej nie dorówna
Choćby jednostka ludzka żyła bilion lat
Gdyż człowiek ino pyłkiem jest na ziemi
Ktoś inny tworzy dla nas dziwny świat.

Bolący ząb

Wygibanki cacanki i zwada
Na ból zębów jaka jest rada
Ból przenika wszystkie kości
Zaciera oznaki radości.

Noc głucha dentysta daleko
A i koszty są niemałe
Przed oczyma zwidy znikąd
Osłabienia niebywałe.

Sino czerwona buzia
Zrobiła się w kształcie guza
Źle dawkowane lekarstwa
Być może skutki obżarstwa.

Ból przenika w głąb jak szalony
Jak Szekspira straszna zwrotka
Lecz wytrzymać to należy
Nigdy nie używać młotka
I uśmiechać się częstawo
Byłoby najlepszą sprawą.

Czarne białe kolorowe

Czarne białe i kolorowe
Szerokim pasmem mącą się dziwnie
Rodzą w umysłach szereg skojarzeń
I pozytywnie i negatywnie.

Na krętych ścieżkach głębi umysłu
Bóg co maluje nam w wyobraźni
Stajemy się co dnia żywsi mądrzejsi

Z biegiem czasu

Czulsi spokojniejsi bardziej odważni.

Na pewno potrafisz
Co znaczy słowo potrafię?
Zerkać w lusterko biegać ze ścierką
Przykryć się kołdrą po uszy
Potrafić to nie znaczy umieć
Trzeba to jeszcze rozumieć.

Znaczenia słowa potrafię
Wpisane w historię biologię
Geografię i inne nauki
Włącznie z dziełami sztuki.

Nie staniesz się Matejką od razu
Nie namalowałeś ani jednego obrazu
Zapach farb na zdrowie szkodzi
A szkoda malarzom dobrze się powodzi.

A więc może spróbować
Kuć żelazo póki gorące
Gdy się bardzo zmęczysz w kuźni
Odpocznij rozpręż się i nie bluźnij.

Próbować wszystkiego po trochu
Nie klęcz w kącie na twardym jak kamienie grochu
Bezmyślnie nie trenuj ciała leżąc na boku
Lub patrząc w dal bezczynnie w rozkroku.

Nie można już być Kolumbem
Czy naśladować Magellana
Oni już to zrobili
Ameryka nie odkryła się sama.

A więc możesz odkrywać inne
Nieznane w kosmosie planety
Dowiedzieć się o wszechświecie
Ograniczone jest to niestety.

A może kochać zwyczajnie
Tak po prostu bez zapłaty
Czy jesteś bardzo biedny
A może będziesz bogaty.

Nie trzeba myśleć o jednym
Żeby zabierać bogatym a oddawać biednym
Bo może dopaść zwykła febra
I powieszą szczerego za żebra.

Na pewno potrafimy się śmiać
Jak gonią to najlepiej jest zwiać
Nie upijać się w nadmiarze
Że aż dziesięć promili wykaże.

Do robotników górników tancerzy
Za pracę godziwa zapłata się należy
Rolniku nie znęcaj się nad koniem
Bo nic z tego nie będzie
Od potu konia i braku paliwa
Żadna roślina nie wzejdzie.

Trzeba być dobrym dla ludzi
Z czystym sumieniem zasypiać i budzić
I starać się jak potrafić
A śmiać się jak na fotografii.

Z biegiem czasu

Wojna i głupi

Od zarania powstania świata
Ludzie wojny toczą
Często walczą ze sobą
Dniem a nawet nocą
Strasznie się przy tym utrudzą
I bardzo napocą.

Mądry wysyła głupiego na wojnę
Żeby w końcu dojrzał
A niech tam sobie powalczy
Żeby w końcu zmądrzał.

Głupi wszystkich wystrzelał
Sam został na placu boju
Nie ma z kim walczyć
Więc zastrzelił siebie
Na pewno mądry nie będzie
Na nietypowym pogrzebie.

Narzeczona z walizką

Wyszedł na spotkanie narzeczonej
Z miłości nie myślę
Tu zapewne chodziło
O czarną walizkę.

Narzeczona z internetu
Trochę pomarszczona
Teraz spełnia jego marzenia
Jest zadowolona.

To nic że już nie jest młoda

Ale on nie stary
Widać że do tego związku
Niezbędne były talary.

Debilizm

Debilizm jest formą głupoty
Niestety najgorszej jakości
Posiadają go ludzie bogaci
Zdarzają się biedni i prości.

Powstaje on w miarę czasu
Od powstawania płodu
Potęguje się z rozwojem osobnika
I idzie do przodu.

Mądry i wojna

Wysłał głupi mądrego na wojnę
Niech sobie wojuje
Mądry znalazł się na froncie
Myśli i główkuje.

Jak tu walczyć bez miecza
Strzelby czy armaty
Trzeba zakończyć wojnę
I zmykać do chaty.

Więc żeby nie zginąć
Mądry się ośmiela
I kupuje bukiet kwiatów
Dla nieprzyjaciela.

Nieprzyjaciel to zrozumiał

I wnet na to przystał
Zabił mądrego niebawem
Kwiaty wykorzystał.

I zawiódł się mądry na głupim
A był niebogaty
Nie dość że przegrał wojnę
Dołożył na kwiaty.

Kanibalizm
Zrobił doktorat z kanibalizmu
Napisał trzy rozprawy
Uczony był i niegłupio
Podchodził do sprawy.

Ale trzeba jeszcze teorię
Popierać praktyką
Więc uczony ten
Podjął ogromne ryzyko.

Ale żeby zjeść człowieka
Trzeba mieć odwagę
Trzeba takiego oswoić
I włożyć na wagę.

Ludzie do takiej roboty
Bardzo się nie garną
Nikt nigdy się nie zgodzi
By go zjeść za darmo.

Ale jeden bezrobotny
Nic nie miał do stracenia
Więc uczony przygotował

Gościa do zjedzenia.

Niestety stało się odwrotnie
Nic nie wyszło z tego
Bo bezrobotny był kanibalem
To on zjadł uczonego.

Trzeba zatem uważać
Kogo chce się zjeść
A jeszcze później przetrawić
Dziwnej sprawy część.

Egzorcysta

Pewien znany egzorcysta
Słynął z wypędzania duchów
Gdy już w ciele dojrzał ducha
Wtedy chwytał go za ucho
I wyrzucał z osobnika
Wcale go nie pytał.

Raz trafiła się kobita
Trochę pomylona
Według pana egzorcysty
Złym duchem zniewolona
Ale że niebrzydka była
Egzorcystę oswoiła.

Egzorcysta na podsłuchu
Wykonuje mnóstwo ruchów
Robi prośby i zaklęcia
Młodą panią aż wykręca.

Lecz niestety nie dał rady

Duch pozostał w pani ciele
Będzie musiał teraz stracić
I alimenty płacić.

Bakteria i brawura

Bakteria i brawura to nie jest to samo
Jest prawdziwa niekiedy z palca wyssaną
Bakteria zaraża ciało robi różne psoty
Przez brawurę wychodzą głupoty.

Bakterię można zniszczyć zastrzykiem
I szybko uśmierzyć
A brawurę jeszcze szybciej
Lecz trzeba uderzyć.

Tylko bardziej uważać
By nie zranić głowy
Więc proszę do tego celu
Stosować kij raczej gumowy.

Zabobony

Prostotę należy cenić
A głupoty się wystrzegać
Bo prostota się po prostu
Głupoty wyrzekła
Bo bliżej jest do nieba
A dalej do piekła.

A może to jest odwrotnie
Do piekła jest bliżej
Bo ziemia jest pod nami
A niebo jest wyżej.

Nawet w XXI wieku
Wielu wierzy w zabobony
A zdarza się bardzo często
Taki wyszkolony.

Z tytułem magistra
Czy nawet doktora
Ciało ma może i sprawne
Wyobraźnia chora.

Działania

To jest prawdą na sto procent
Taka zwyczajna zgraja
Robi sobie z życia jaja
A zwyczajne stado koni
To normalnie się wałkoni.

Harry Potter wiedźma sucha
Gościu połknął karalucha
W kosmosie pożar wybucha
Aż się buzia robi sucha.

Malec ugryzł konia w ucho
Ktoś babcię udusił poduchą
Czarownica z własnej woli
Udziela się w nowej roli.

Dla kogo prawo

Jest rzeczą bardzo ciekawą
Kto stworzył prawo
I kogo one zobowiązuje

Z biegiem czasu

Co odzwierciedla to i buduje?

Głupi nie złamie prawa
Bo on nic nie umie
To mądry łamie prawo
Bo on je rozumie.

Zatem to tu jest prawda
I wynika z tego
Że mądry stworzył prawa
Tylko dla głupiego.

Rola zdrajcy

Co by to było
Gdyby Judasza nie było?
To nie był niezwykły człowiek
Nie dostojnik nie hrabia.

Ktoś tam poskarżył się komuś
Zdradził że słońce za jasno świeci
Bo to oślepia jego dzieci
Inkognito niesłusznie zęby wybito.

A powodem tego stanu rzeczy
Jest niewiedza i zaprzaństwo
Srebrne i złote monety
A również papierowe niestety.

Koń i papuga

Koń miał pretensję do pługa
Że skiba jest za długa
Lamentów konika

Słuchała papuga.

Ty koniu jesteś w błędzie
Pług nic tu nie jest winien
Że jest długa skiba
Ktoś wyjaśnić to powinien
A co będziesz się koniu męczył
I zawracał tym głowę
Udaj się do lekarza
Idź na chorobowe.

Koń przestał pług ciągnąć
Od zeszłej soboty
Gospodarz rozwiązał umowę
I zwolnił konia z roboty.

Konia wywieźli do rzeźni
Zrobili kiełbasy
A papuga uciekła doradzać
Gdzieś w odległe lasy.

Dobrze albo źle

Gdyby szatan był dobry
Nie byłoby złego
A jak braknie złego
Jak dążyć do dobrego?

To jest skomplikowane
I zarazem dziwne
Miała pretensję do męża
Że ma oczy piwne.

Ten kto w ówczesnym świecie

Z biegiem czasu

Zaprowadził taką modę
Działa z premedytacją
Dokonując szkodę.

Na psychice młodych ludzi
Wywiera się presję
Co stwarza niebezpieczeństwa
Gwałty i agresję.

Baran gdzieś na manowce
Wyprowadza owce
Ale skarano owce przez nakaz unijny
Baran nie jest winny.

Czy prawa ustawiane
Tak działać powinny?
Ten kto wymyślił diabła
Niech idzie do diabła.

Sen o amerykańskiej demokracji

Sen o amerykańskiej demokracji
Dwóch rodzin po sąsiedzku
Które spotkały się po latach
Na drugim krańcu świata.

Bo w życiu to różnie bywa
Raz się wygrywa a raz przegrywa
Ale zdrowi żywi cali
W Ameryce się spotkali.

A więc zacznę od początku
W połowie czwartku koło piątku
Spotkał Stasio dziś sąsiada

Patrzy słucha co on opowiada
Koło piątej jeszcze w dzień
Darek opowiada sen.

Darek chłopak jest dowcipny
Młody zgodny niezawodny
Mieszkał obok naprzeciwko
Lubił czasem chlapnąć piwko.

Ale tylko usta maczał
Po flaszce się nie zataczał
Niezłe auto nowa chata
Trójka dzieci i piękna żona Renata.

Wracając do tematu
Było to właśnie lato
Darek woła cóż on chce
On chciał porozmawiać o śnie.

Siedli obaj na ławeczce
Darek mówi   słuchaj Stasiu
    Śniła mi się Ameryka
    I Renatce też się śniła
    Wtedy wczesnym rankiem
    Renatka mnie obudziła
    Tak nam razem dobrze było
    Wielki salon piękne świece
    Mnóstwo gości i radości
    Było pięknie ciepło gwarno
    O dziwo wszystko za darmo.

    Bo Polacy w Ameryce
    Mają takie przywileje
    Gdy przyjedzie ktoś na stałe

Z biegiem czasu

Nie pracuje lecz się śmieje
I bardzo dobrze się czuje
Bo ktoś na niego pracuje
Oni płacą tam bez łaski
Bo wywalczył to Pułaski
Dobre żarcie i miękkie łóżko
To dla nas wywalczył Kościuszko.

Rzecze Darek   tak doprawdy
Trzeba będzie zatem sprawdzić
On już o tym dobrze wie
Z Renatką rozmawiał o śnie.

Ale chyba coś w tym było
Bo Renatce też się śniło
Było jej tak bardzo dobrze
Liczyła zielone na kołdrze
Była to wtedy niedziela
Piękny słoneczny poranek
Wtedy to mąż Dariusz
Podarował jej złoty wianek.

Stasio raczej w sny nie wierzy
Ale to coś niezwykłego
W nocy jego wspaniała żona Tereska
To tak mówiła do niego
Miała sen o Ameryce
Słudzy nieśli ją w lektyce
Ktoś uprawiał jakieś czary
Wokół fruwały dolary
Więc zebrali wszystkie do torby
I nie marnując czasu
Nie robiąc przy tym hałasu
Wywieźli do banku do lasu.

Innym razem to tak było
Bo nad ranem się przyśniło
Staś miał sen tak nietypowy
Tu się chwalić nie ma czym
Śnił mu się zwyczajny dym
Jakby tego było mało
We śnie śpiewać mu się chciało.

A los lubi płatać figle
Takie sobie giggle mygle
Z myślą o sennym dobrobycie
Co się stało jak myślicie?

Los się zaprzysiągł w zaparte
Tereska wylosowała zieloną kartę
Stasia w końcu przekonali
Całą rodziną za ocean wyjechali.

Renatka Darek i ich dzieci
Uwinęli się też szybciutko
Dobrobytu zapragnęli
I też za sąsiadami pofrunęli.

A Stasiowi sen od razu
W Ameryce się wypełnił
Marzył mu się kiedyś się Krym
A tutaj harówka i dym.

Sen się sprawdził w tym przypadku
Aż mu serce stanęło kołkiem
O mało nie został aniołkiem
Zdrowie siadło za zakrętem
Bez wyboru dostał rentę.

Z biegiem czasu

A sąsiedzi Renatka i Darek
Mieszkają w wielkim domu
Bardzo dobrze im się wiedzie
Renatka pracuje w Nowym Jorku
W rządzie w sądzie
Darek jest hydraulikiem
Montuje i spawa rury
Zadowolony z głową do góry.

Tak spotkały się rodziny
Nikt nie robi kwaśnej miny
Wszyscy są zadowoleni
Dzieci rosną i studiują
Biedy i chłodu nie czują.

Trzeba marzyć kochać śnić
Musisz wierzyć żeby żyć
Widzieć jasno a nie czarno
Bo nigdzie nie dają za darmo.

Kasyno

Kasyno to jak kino widzów tam wielu
Czasem jest głośno nieraz jest cicho
Lecz nie każdemu tu jest do śmiechu
Ktoś więc pożycza kasę w pośpiechu.

Rozbita kasa ktoś się zastrzelił
Ochroniarz gościa przez plecy zdzielił
Już miał wygraną lecz wszystko znikło
Ktoś się pojawił działo się brzydko
Więc zamiast do kasyna udać się do kina
Będziesz szczęśliwszy ty i twoja rodzina.

Leon po lustracji

Prześwietlenia przeszedł Leon
Patrzy w lustro nie to nie on
Teraz jest on przezroczysty
Odmieniony a więc czysty
Ale co przyszłość przyniesie
Co powiedzą kolesie
Kiedy z pudła wyjdą jutro
Pewnie przetrzepią mu futro.

Bo to Leon on ich zdradził
I do więzienia posadził
Tylko Leon kasę zwinął
Dobrze schował rok upłynął
I przeszedł dokładną lustrację
Okazało się że miał rację
Bo pieniądze wziął ktoś trzeci
Przekazał na chore dzieci.

Na wakacjach teraz Leon
Tak się zmienił nie to nie on
Gdzieś w dalekiej Argentynie
Czas spędza przy świecach i winie.

Głąb i bomba

Wybuchła bomba zabiła głąba
Silny jak dąb lecz zwykły głąb
Nie dla siebie gościu brał
Ale dla kogoś tak jak chciał.

Kasa zniknęła ktoś ją zwinął

Z biegiem czasu

I jakiś miesiąc upłynął
A że bardzo był ciekawy
Więc poszedł na pewien układ
I pochwalił się przypadkowo
Komu te pieniądze dał
Nie przewidział tego trąba
Wtedy zadziałała bomba.

Kto jest w tym przypadku winien
Kto przeprosić go powinien?
Nikt go teraz nie przeprosi
Głąb w powietrzu się unosi.

Z winy bomby dziwny szał
Winny jest ten dla kogo głąb brał
A dlaczego ktoś się zdziwi
Gdzie podziali się szpece prawdziwi?

Zrobić w konia

Zrobił w konia Władka Tadek
O tak na wszelki wypadek
To jest niezwykły przypadek
Słyszał o tym koleś Radek.

Myśli Radek była kłótnia
Tadek w konia zrobił Władka
To ciekawa jest zagadka
I szybko ta wieść się rozniosła
Doszło to do słuchu osła.

Osioł myśli na wałkonia
Sam by się zamienił w konia
Gdyby nie ten głupi słoń

Stanisław Pysek Prusiński

Ale czy zgodzi się koń?

Smarkata

Smarkata lata czepia się brata
Przedrzeźnia wujka ciotkę sąsiadkę
Wczoraj wieczorem udała ściemę
I wyrzuciła wazon na ziemię.

Co przez smarkatą nas jeszcze spotka?
Może wziąć rózgę czy użyć młotka
Przydałaby się strzelba czy może kusza
Jest niewidoczna tylko się rusza
Bo to jest zmarłej babciny dusza.

Co tydzień temu z dziadkiem się sparła
Zachorowała i wnet umarła
Boją się wszyscy dzieci i tata
Proszą na klęczkach   przestań smarkata.

Znachor próbował poświęcić straszydło
Aż wylał wodę i połknął mydło
Nie tędy droga koniec kolędy
Nie zdołał biedny wygonić mendy
A duch smarkatej znów figle płata.

Pewien jasnowidz zakończył wszystko
Poszedł do sądu zmienił nazwisko
Ale nie swoje lecz duszy babki
I nastał spokój i cisza święta
Babci nazwisko brzmi Uśmiechnięta.

Ona i lusterko

Ona przeciera lusterko i szepcze
　　Och ty moje kochane lustereczko
　　Gdy popatrzę to żyć mi się chce
　　To mnie trzyma przy życiu
　　Bo widzę siebie w twoim odbiciu.

　　Popatrz moje śliczne ząbki
　　Usta szmaragdowe jak nowe
　　Oczy niebieskie niczym królewskie
　　I włosy aksamitne nowożytne.

　　Widzę również w twoim zwierciadle
　　Swoją dobrą duszę
　　Którą się wzruszę bez względu na tuszę
　　I obwisłe cycki wyuzdane policzki
　　I lico księżnej trochę niedołężnej.

　　Wydaje mi się że przybyłam
　　Gdzieś z dalekiego świata
　　I nie rozstaje się z tobą lustereczko
　　Już sto cztery lata.

Szelma

　　Uwiodło mnie stare potorądzie
Narzekała pani w sądzie
　　Wyszłam kiedyś za młodego
　　A teraz mam dziadka.

Pani głośno lamentuje
Sędziemu to nie pasuje
Prokurator głową kręci

Oskarżyciel aż zzieleniał
Asesora wzięło wzdęcie
To wygląda na przegięcie.

Lekarz drapie się w czuprynę
Skąd lekarstwo na to wziąć?
Bo ta pani w czarnej sukni
To zwyczajny taki znachor
Co jest grane jaki powód
Jak więc przeprowadzić rozwód?

Więc sędzia ogłasza wyrok
Nie stwierdzono tutaj żony
Żeby ten wyrok zmienić
Powód musi się ożenić.

To są skutki niepamięci
Coś się pani w głowie kręci
A co na to wszyscy święci
Też weseli uśmiechnięci.

Świnia i majątek

Co było pierwsze
Majątek czy świnia?
Do tej pory nikt nie odgadł
Odpowiedzi nie ma.

A to jest bardzo proste
Prawda to niezbita
Bo świnia bez majątku
Nie będzie jeść z koryta.

Na początku była woda

Później kamień młyński
Biada temu kto nabędzie majątek
Ale w sposób świński.

Elegancki świat

Ziemia widziana z kosmosu
O taka tam sobie bryła
Niechby sobie bujała
I po orbicie krążyła.

Ale życie na tej ziemi
Tak nawiasem zgodnie z czasem
Oryginalne i codzienne
Stwarza wrażenie odmienne.

Czas upływa z każdym wiekiem
Ale żeby być człowiekiem
Trzeba przedtem się urodzić
I naumieć się rozumieć.

Jeden świat a dwa rodzaje
Jednemu na chlebek nie staje
Drugi karmiony przepychem
Równowagi szanse liche.

Kryska na Matyska

Przyszła kryska na Matyska
W oczach ciemno szczęki ściska
Co to będzie za godzinę
Doktor robi straszną minę.

A milioner kolekcjoner

Obłożony cały złotem
Trzęsie się jak galareta
Całe ciało oblane potem.

Biała pani przyszła z rosą
Rachu ciachu błyska kosą
Dobrobyt kasuje na zero
    Witam pana panie sknero.

    Nie ma rady na układy
    Nie wykupisz się grubasku
    Zapraszam pana uprzejmie
    Na mały spacerek do lasku.

Złość dobroć dość

    Mam cię dość wrzasnęła złość
    Choć dobroci podaj rękę
    Koniec nerwów i szantażu
    Polubimy się od razu.

Złość dobroci zaśpiewała
    Hej dobroci taka cała
    Jesteś fajna czuła piękna
    Wielka prosta i namiętna.

Nagle piosenkę coś przerywa
Dobroć padła jest nieżywa
Złość przecięła nagle drogę
Tak zabrali zapomogę.

Dziwna sprawa

    Kiedy głowę podniósł z rana

Z biegiem czasu

Ona rzekła witam pana
Była ubrana w mundurek
A na szyi miała sznurek
Z wielkim kluczem i podkową
Teraz rzekła drugie słowo
    Tutaj będzie pan bezpieczny
    Cichy spokojny stateczny.

Coś takiego on pomyślał
Ale tego się nie spodziewał
Co się stało ktoś powiedział
Że sam w pomieszczeniu siedział.

Nigdzie się nie musiał spieszyć
Dadzą prowiant będą leczyć
Tylko nie wie do tej pory
Czy naprawdę on jest chory.

Sytuacja idiotyczna
Jakaś klątwa moc psychiczna
I nie pojął dziś do diaska
Dlaczego pozbawiono go paska.

Kant

Wykantować stworzyć rogi
Rogi ważne i poważne
Jesteś drogi bo masz rogi
Dziś bez rogów ani rusz.

Nic za darmo tak mój drogi
Trzeba więc utrącić rogi
Znikaj ośle nie oglądaj się Ignacy
Bez pracy nie ma kołaczy.

Samoobrona

Trzeba się bronić przed biedą nędzą
Krzyczą złorzeczą i strach nam pędzą
Może zwyczajnie krwi im upuścić
Przerwać bałagan i lanie spuścić.

Teraz niech wszyscy ze mną się liczą
Kupiłem procę przeciwlotniczą
I co wy na to i co wam po tym
Obracam frankiem rublem i złotym
Co tam porady i jakieś zasady
Takiej bestii nie dacie rady.

Stałem się silny i nowoczesny
Twardy prawdziwy jak ojciec chrzestny
I żadna groźba mnie już nie zmoże
Tym co mi grożą nic nie pomoże.

Miasto i złodzieje

Mowa krótka stop i basta
Wpadają złodzieje do miasta
A pogoda nie jest zła
Trzeba ukraść co się da.

A było to wczesnym rankiem
Zatrzymali się przed bankiem
A tu ani żywej duszy
Ani straży i ochrony
I co dziwne cały taras
Szczerym złotem zastawiony.

Z biegiem czasu

Tak widokiem się ujęli
Myślisz wzięli czy nie wzięli?

Nie wzięli bo po co im problemy
Wahają się do tej pory
Koniec wprowadzania w błąd
Problem skąd?

Myśli Pani X

Czy to jest to samo?
Być wielką damą mieszkać we dworze
Wstawać codziennie o tej samej porze
Narzekać że ktoś tam już stary
I nie może.

A to drugie to samo czy inne
Ciekawe skromne w naturze
Być w domu mieszkać pod laskiem
Hodować czerwone róże
Marzyć i czuć podziwiać las i morze
I ściskać się z kimś co dużo i często może.

O mój ty Boże o czym ja myślę grzesznie
To w moim przypadku jest niebezpieczne.
Dziewica westchnęła głęboko i oblała się rumieńcem
Złożyła w górę smukłe czcigodne ręce.

    Boże przebacz te myśli grzesznej Misi
Odchodząc dodała płochliwie
A właściwie mi to wisi
To tylko nierealne myśli puste
I udała się do przybytku
Dokończyć kisić kapustę.

Komu się należy i co

Czy ktoś kiedyś pomyślał od kogo to zależy
Ile i za co się komu należy?
W imię celów ważnych doniosłych
Słuchajcie słów prawdziwie prostych.

Dzieci młodzież żeńska i męska dorośli i starcy
Chyba wymienieni są wszyscy wystarczy
Należy się nam wszystkim i każdemu z osobności
W imię dobra i bożej miłości
Dwa razy jeden metr ziemi świętej.

Jakaś łza upuszczona
Przez matkę ojca syna czy córkę
W czasie ostatniej drogi
Na cmentarną górkę.

Dla zasłużonych ojczyźnie
Salwy honorowe i odznaczenia
Dla tego co umarł
Nie ma to teraz żadnego znaczenia.

A dla żebraka wydłubana z litości
Jama w ziemi świętej
Po równo przewidziane
To co jest wyżej napisane.

Każdemu co się należy i będzie dane
Pojedynczo i na osobności
Bogatemu i biednemu
W nocy w południe nad ranem.

Z biegiem czasu

Ostatnie podrygi Sata

Przemówienie Sata
Który bawił się z dziećmi
Nasypał im piasku w oczy
Zapisane i oparte na faktach
Wyszło po wielu latach.

Powie choć wcale nie musi
I nic już działać
Znowu nakłamać dziś musi
    Niech wam ziemia lekką będzie
Mówi Sata aż szczęka mu lata.

Jego sprawa to jest śliska
Do teraz piętno wyciska
Ale nic go już nie wzruszy
Bo nigdy on nie miał duszy.

Przeprasza bo zaraz się wzruszy
On tego nie rozumie do tej pory
Nie zdaje sobie nawet sprawy
Że jest psychicznie chory.

Bo jest innego gatunku
Ale z epoki Chrystusa
I nic go to nie obchodzi
Że Judasz sprzedał Jezusa.

Jak wróci do kraju z Magami
Rozprawi się szybko z cieniami
Wrobili go w wiele machloi
On Sata się tego nie boi.

Bo kasę odbiorą pewniakiem
I mogą go otruć w noc ciemną
A żona go się nawet wyrzekła
Bo ona boi się piekła.

Na wiecach frajerzy się darli
I wtedy go oni poparli
Nie kradł wpychali na siłę
Dla pana to nie wypada
Nie chciał dawali prosili.

Powiedział Satano z Katanii
Odwrócił się do góry plecami
I jutro ucieknie na Krym
Oj dziwna jest ta polityka
Tak sobie ten Sata bryka.

Mandel Kata

Po co wciąż zaprzątać głowę
Idą przecież czasy nowe
Nowe rządy nowe sądy
Rzeczywistość inna taka.

Na cóż jakieś tam dyskusje
I podziały w społeczeństwie
Swary kłótnie ciągłe spory
Ciągnące się do tej pory.

To co było nie powróci
Nikomu życia nie wróci
Jeszcze gorzej zbałamuci
I nowe cierpienia rzuci.

Z biegiem czasu

Ku przestrodze pokoleniom
Co też może zdziałać demon
Bo jest na usługach diabła
Co go ludzkość się wyrzekła
Niech wraca z powrotem do piekła.

Wybrany

Udało mu się został wybrany
W lato do senatu oferował swoje usługi
Długi mu umorzono na poczet biedoty
Wkrótce zrobił się jaśniepański
Teraz wstydzi się hołoty.

Zabłąkana kula
Trafia króla i noc go otula
Po co pana wybrano na króla
Potrzebne to było panu
W pańskim programie trwania
Nastąpił błąd ale skąd?

Zwyczajny krasnoludek

Z powodu wysokich pobudek
Krasnoludek zakochał się w sierotce Marysi
Nie pomyślał zawczasu
Pewnie z braku czasu
A może kompasu
I ona uciekła do lasu.

Prawdopodobnie wyszła
Żeby zbierać grzyby
Ale jak z lasu wróciła
To bardzo się zmieniła.

I miłość Marysi do krasnala
Zniknęła zawczasu
Z powodu pójścia do lasu.

Bania

Ciągłe płacze narzekania
Udawane i niechciane
We śnie wcześnie przed obiadem
Spróbuj przeto a dasz radę.

Nie płacz gdy zarobisz pałę w szkole
Gdy wylali cię z roboty
Gdy teściowa wpadła w nerwy
Żona uderza w zaloty.

Na banie nie ma recepty
Nie zważaj na głupie podszepty
Bo to jest najprostsza ściema
Bania nie było i nie ma.

Kardiolog i pieśń

Kardiolog nie płacze lecz śpiewa
Dlaczego?
Zapytaj się siebie po serca zawale
Nie rozumiesz tego wcale.

Otwarły się życiowe wrota
Udało się
Gdy zacznie działać aorta
I ciało życiem nabrzmiewa
    Kardiolog śpiewa.

Z biegiem czasu

Dowiesz się w stu procentach
Gdy przejdziesz serca zawał
To szczera prawda
Nie żaden kawał.

Pościg

Wczoraj miejski bank napadli
Wszystkie pieniądze ukradli
Była środa biały dzień
I na mieście taki ruch.

Kto to zrobił taki skok?
Minął jeden drugi rok
A złodzieja ciągle nie ma
Bo się rozstąpiła ziemia.

A pieniądze w ziemię wpadły
Na drugą stronę wypadły
Powiedziała ta ekipa
Prawda zgasła to jest lipa.

Cztery nogi konia

Koń to zwierzak nie ubogi
Bo ma nawet cztery nogi
Zatem krowa jest bogatsza
Bo ma jeszcze cztery rogi
Więc od konia jest ważniejsza
Chociaż może trochę mniejsza.

On ma rogi pochowane
Nie będzie rozmawiał z panem

Więc taka go myśl napadła
Żeby z konia zrobić diabła
Bo podobny jest do krowy
Teraz mamy plan gotowy.

Trzeba jednak krowę zmusić
Żeby krowa chciała kusić
Powiedziała młoda dama
Masz wymię ciągaj się sama.

Nie obchodzą mnie ustroje
Ja posiadam cycki swoje
I niczego się nie boję
Trzeba sama się wydoję.

Udało się

Co się udało mów śmiało
Słoneczko przygrzało
Wody mało ryba słona
Pierwsza jego narzeczona
Była trochę wykończona
Bo na plecach go nosiła
Chociaż była bardzo miła
Ale w końcu go rzuciła.

Teraz druga narzeczona
Ta pyskata jak papuga
Znała aż cztery języki
Wysiadły jej bezpieczniki
I go prądem poraziła
Trach i miłość się skończyła
Do tej pory go telepie
Nawet dobrze o tym nie wie.

Z biegiem czasu

Trzeciej narzeczonej nie znał
Ale tylko osobiście
Poznał ją na internecie
Zła nie była oczywiście
Zapewniała że go kocha
Przesyłała mu całusy
I mówiła na dzień dobry
Witaj stary koniu kusy.

Umówili się pod lasem
Więc zwinęła całą kasę
Wzięła jeszcze kierownicę
Wyjechała na ulicę
Pomachała mu już z rana
Była bardzo zatroskana
Do tej pory żyje w stanie
Nie odzywa się kochanie.

Siedzi smutny na werandzie
Mina głupia oczy w kole
Lecz twierdzi z powagą całą
Że mu jednak się udało
Nie jest źle bo medycynę
To popija słodkim winem.

Wapno

Gdzieś mnie rzucą
Tam mnie chlapną
Tu mnie chlapną
Poskarżyło się raz wapno.

A wiadomo wapno ważne

Do budowy i do wzrostu
Gdyby nie to zwykłe wapno
Nie miałby swojego zarostu.

Ojciec chlapnął matka zaszła
I rodzina się rozrasta
Cóż to prawda nie do ukrycia
Bo bez wapna nie ma życia.

Wapno zdatne jest do picia
Bo do ciała to budulec
Bez wapna nie idzie do góry
Nie ma wiosny i kultury.

Nie obrażaj się na wapno
Chociaż czasem w ciebie chlapną
Bo to białe mleko duże
Zawarte w maśle i kurze.

W białym serze jajku wiśni
Życzę niech się wapno przyśni
Ktoś napisał białym wapnem
Nie posłuchasz to się chlapnij.

Wapno wzmocni twoje uszy
I sumienie ci poruszy
Więc nie czekaj aż cię chlapną
Uderz w sedno wiwat wapno.

Cywilizacja

Cywilizacja cywilizowany
To taki pan co nie udaje
Nie jest do bani

Z biegiem czasu

Głupot nie chrzani.

Nie jest głupi
Wszystkiego co usłyszy nie kupi
Nie podnosi głosu
Nie lubi rozgłosu
Nie znosi donosów
To ktoś na wzór ideału
Porusza się spokojnie
Nie myśli o wojnie.

Pomoże zwykłej marudzie
Wie co to jest się trudzić
Jest modny niezawodny
Nie jest skerą
Nie uprawia bajeru
Lubi rozrywkę i lasy
I czeka na lepsze czasy.

Latający fotel

Kupię latający fotel
I przenośne biuro
Fruwające długopisy
I obłoki z chmurą.

Będę siedział na fotelu
I ciężko pracował
Zwiedzał i się dorabiał
Marzył i wojował.

Nie muszę wracać na ziemię
I mieszkać w chałupie
Będę przebywał w kosmosie

I decydował o swoim losie.

Trajkotka

Trajkotać że jest pogoda
Że ma nowe buciki
Zapracowana jest bardzo
Posiada dziwne nawyki.

Że chce się zakochać
I poznać młodego księcia
Matkę ojca i młodszego brata
Tylko nie jest tak bardzo stara
Dzisiaj skończyła sto cztery lata.

Telewizja sprzedana

Chciał być sławny
Iść na łatwiznę
A więc kupił telewizję
Wiadomości i reklamy
Co tu jeszcze dzisiaj damy.

Do wielkości dziś urasta
Słuchają go ze wsi i miasta
Coś tu będzie trzeba zrobić
I żeby uwagę odwrócić
Trzeba będzie widzów skłócić.

Więc wprowadził fantastykę
Gość zadławił się indykiem
Komuś tam puściły nerwy
Płacze śmieje się bez przerwy.

Z biegiem czasu

Kogoś znowu podeptali
Emeryta aż telepie
Ktoś mu zwinął portfel w sklepie
Babci znów zmniejszyli rentę
Dali wnuczka na przynętę.

Żeby zwiększyć oglądalność
Wprowadził niepoczytalność
I żeby ludzi zachęcić
Będzie musiał coś przekręcić.

Proszę o spokój

Ważność toalety
Odgrywa dużą rolę
Niektórzy robią tę czynność
Wychodząc na pole.

Ale kiedy się kogoś zamyka
Gościu wybiega na pole i znika
To wygląda na swawolę
Gdy winnego nie uda się złapać
Można sobie papiery pochlapać.

Jeśli kogoś trzeba zamknąć
I mieć z nim na zawsze spokój
Trzeba stworzyć warunki
Zapewnić pokój i spokój.

Toaleta tam być musi
I wietrzona choć raz dziennie
Bo być może ktoś popuści
A to nie jest tak przyjemnie.

Skąd się na to bierze kasa?
I warunki pierwsza klasa
Nigdy się nie dowiesz skąd
Ktoś po drodze zrobił błąd.

Różnice

Jest różnica i ogromna
Między pracą i robotą
Pracujemy cały tydzień
Łącznie z niedzielą i sobotą.

Pracujemy tak bez przerwy
Ale żeby się dorobić
To nie wszystko w tym wypadku
To coś jeszcze trzeba robić.

A poza tym dni jest siedem
Nie ma czasu na robotę
Zajęte są wszystkie dni pracą
Propozycje są ciekawe
Żeby tak uprościć sprawę
To przedłużyć dni tygodnia
Tak co najmniej do dziesięciu
Tak jak bajkę niemowlęciu.

Co potem?

Trening praca i harówka
A igrzyska już niebawem
Biegacz potem się oblewa
Chciałby zdobyć medale i sławę.

I do przodu i z powrotem

Z biegiem czasu

Robi pompki i przysiady
Trener też się bardzo zmęczył
Daje wskazówki i porady.

I zaczęły się igrzyska
Na dobre miejsce szansa jest bliska
Ale droga była śliska
I ostatnie miejsce było
Tak skończyły się igrzyska.

Biegacz usiadł i rozmyśla
W prawo w lewo i z powrotem
Niestety nic nie wymyślił
A co potem?

W odwrotnym kierunku

Twierdzenie o istnieniu
 Kierunków jest fikcją
Tak naprawdę to nie ma
Ani prosto ani w prawo
Ani w lewo w dół czy do góry
Do przodu czy do tyłu jest tak samo.

To zostało wymyślone
Umowne działania
Nie widać tu żadnej różnicy
Cyferki te same tylko poprzestawiane.

Żałuj za

Bardzo żałować za coś
To chyba lekka przesada
I nie wypada

Żałować że fortuna doścignęła sąsiada.

Nie żałuj że teściowa
Do domu ma bardzo daleko
Że w mleczarni zgorzkniało mleko
Zatargi masz z bezpieką.

Antoś został bogaczem
Jakaś emerytka podjęła pracę
W sędziwym wieku
A co to ciebie obchodzi człowieku?

To nic że znachor jest na bezrobociu
Ale jednak coś znaczy
Nie żałuj i lepiej
Poszukaj płatniejszej pracy.

A dlaczego?

A dlaczego?
Rozmawiała żona z twoim kolegą
Uciekłeś po kryjomu
I sama została w domu.

Krowa się sama nie ciąga za cycki
A ser tylżycki nadaję się na kanapki
Zapal świeczkę dla świętej pamięci babci
Nie żałuj w zimę ciepłej czapki
Bo odmrozisz środek w głowie
I co na to doktor powie?

Żałując za grzechy nie swoje
Moimi zostaniesz obdarzony
A ja będę bardzo zadowolony

A dlatego że pokuta mnie odejdzie
I lepiej tobie będzie.

Zaraz

Nie zaraz ale już
Taki zwrot zaraz
Skąd się w gramatyce znalazł
Teraz od razu
Czy potem czy już
No cóż
Zaraz to teraz
Czy teraz to zaraz?

Kto wymyślił ten wyraz
Tak daleko nie zalał
Nie można tak zaraz
I od razu dodawać gazu.

A z praktyki to wynika
Że nie można odłożyć
Tylko jednej rzeczy na potem
Trzeba to zrobić od razu
Już i jeszcze raz z powrotem.

Bezrobotny

Praca to wyrażenie służbowe
A robota to praktyka
W pracy mocno się zasłużył
A w robocie tylko bryka.

Bezrobotny to osobnik
Co pracuje tylko w biurze

O tak sobie tylko siedzi
Czasem robi oczy duże.

Rozmyśla o rozpalonym niebie
O gruszkach na wierzbie
Ktoś o coś go zapyta on tego nie wie
Czasem bardzo jest samotny
Nasz uczony bezrobotny.

Zwycięzca

Opowieści z pierwszej ręki
Coś takiego nie do wiary
Ten pobity to był młody
A zwycięzca bardzo stary.

A sędziów było aż dwóch
I po tym ostatnim ruchu
Omal nie stracili słuchu
Opowiada z wielkim bólem
Jak go staranował królem
Gościa wykrzywiło bólem.

Potem go zawadził damą
Tamten zrobił i to samo
Lekko schował się za członkiem
Trzeci raz go stuknął wieżą
Tak po prawdzie to już leżą.

Tamten dostał jakby batem
Ten poprawił ostro matem
A następnie szachem matem
Tamten najadł się obciachu
Żadnych ruchów bo był w szachu.

Z biegiem czasu

Nagle szachownica pękła
Para sędziów się przelękła
Bo wkurzony gracz z rozmachem
Stuknął w nią wkurzył się szachem.

I mistrzostwa się skończyły
Stary zgarnął całą kasę
Młody odszedł z wielkim bólem
Stary z członkiem szachem matem
Odpoczywa i jest królem
Gdzieś na wieży z damą leży.

Dwa odciski
Gościu zmartwił się ogromnie
I jest prawie płaczu bliski
A to przez to jak się zbudził
Wyczuł palcem dwa odciski.

Halo halo jest okropnie!
Halo czy to pogotowie!?
Proszę szybko tu przyjechać
Dwa odciski mam na głowie.

Coś takiego myśli doktor
Pewnie to jest jakiś potwór
I na głowie dwa odciski
To już jakiś temat śliski.

Pogotowie przyjechało
I się wtedy okazało
Gość ten upił się potwornie
A co zrobił co pan powie

Z baru w nocy do domu
To wrócił po prostu na głowie
Stąd powstały odciski
Każdy wie to od kołyski.

Kiedy lipa

Kiedy lipa jest w rozkwicie
To się nagle budzi życie
Zerwę teraz jeden płatek
I do kołnierzyka przypnę.

Czasem lipa to małżeństwo
Może nawet draka jaka
Ktoś pod lipą się oświadczył
Może być przestroga taka.

Czasy cipne panny lipne
Lipni nawet kawalerzy
Cisną lipę okłamują
Że coś stoi a to leży.

Choć po prawdzie czasem zawdy
W lipie bywa dużo prawdy
Trafia lipny się samochód
Dużo pracy lipny dochód
I modelka z fotografii
Czasem lipną być potrafi.

Stracisz dobre stanowisko
Jak cię pszczoła w ucho przytnie
Gdy chcesz by cię szanowano
To się nie zachowuj lipnie.

Dostać otrzymać

Dostanie ma różne znaczenie
I odcienie dziwne z bliska
Lepiej dostać spadek po kimś
Niż przekazać oczywista.

Dostać można i po pysku
Nawet nie wiadomo za co
Dostał czek lecz bez pokrycia
I nigdy go nie wypłacą.

A przeważnie dostać łatwo
Ale oddać głupio trudno
To nie będzie czysta ścierka
Gdy posiadasz buźkę brudną.

Dostać psa do wychodzenia
Musisz zbierać za nim kupę
Należałoby mu jeszcze
Tak po prawdzie wytrzeć pupę.

Nawet postać może dostać
W nocy gdy ktoś poprosi o trzysta
I są zaniki pamięci
To jest sprawa oczywista.

Zmowa milczenia

Byli w zmowie on i milczenie
Pierwszy raz krzyknął jak się urodził
   Bę bę bę będę!
I stop.

Stanisław Pysek Prusiński

Do szkoły chodził milczał
Nigdy nie płakał zapisywał wszystko
I nawet łzy na kartce
    Teraz płaczę.

Nigdy go nic nie bolało
Wszystko się w środku duszy
Zgadzało ale zbierało
    Aż kipiało.

I milczał do dnia dopóty
Ktoś mu ukradli buty
Zaciskał i otwierał usta i marszczył brwi
I krzyczał   zimno zimno mi!

I znowu wpadł w milczenie
Raz usnął na plaży
I bardzo sobie pupę poparzył
Biegał po plaży czerwony na słońcu
I darł się   jak gorąco!

I długa przerwa nastała
Okazyjnie szczeknął podczas kontroli
Gdy nie kupił biletu
I krzyknął   nie bijcie to boli!

I jak się ożenił łzy płynęły
Ciurkiem jak groch
A w noc poślubną to krzyczał
Dużo razy   to jest to.

Od tej pory rozmawiał bo musiał
Bo tak postanowiła mamusia jego żony
Odzyskał mowę na stałe

Z biegiem czasu

I przestał być niemocą niemówienia gnębiony.

Dźwigam

Dźwigając ciężary dźwigamy siebie
To dużo czy mało
A dlatego bo się obiecało
A obiecało się jak wiersza nuty
A jeszcze garderobę i buty.

Czy się podoba czy nie podoba
Dźwiganie to nie jest choroba
Przeciwstawisz się nie dźwigasz to klapa
Znikasz nie ma ciebie i czapa.

Przenosisz żonę po ślubie przez próg
Zadowolony i żebyś mógł
Pracować i zbierać budowlany złom
Na swój własny dom.

My wszyscy ja ty ona i on
Jesteśmy w życiowym potrzasku
Idziemy ku własnej przyszłości
Dźwigamy się w imię miłości.

Za kogo się uważasz?

Za kogo się uważasz?
Za detektywa króla czy parobka
Jesteś mistrzem w boksie
Ćwiczysz na rurze ślęczysz w biurze.

Kim teraz jesteś naprawdę?
Kim chciałbyś być z wiekiem

Od ciebie zależy
Czy będziesz człowiekiem.

Fajnie jest gdy powietrze jest w płucach
A serce pracuje
I nic nie boli i nie dokucza
Wydaje się że będzie tak wiecznie.

I nagle zrobiłeś się słaby
A oczy wypalają się do końca
Coraz więcej wiesz i znasz
I następuje nagła przemiana
Za kogo się teraz masz?

Początek bez końca i odwrotnie

Nie ma początku i końca nie ma
Są tylko światy a na nich rzeczy
To są teorie stworzone przez nas
I jedna drugiej zwyczajnie przeczy.

To że człowiek panem ziemi się nazywa
To niedorzeczne
To są wyłącznie jego myślenia
I dla ludzkości są niebezpieczne.

Człowiek potrafi się wynaturzyć
Potrafi popsuć przekłamać zburzyć
I tylko we śnie jest bohaterem
A tak naprawdę równa się z zerem.

A przemijanie skąd się to wzięło?
To się nie skończy bo nie zaczęło
I bez znaczenia bo strony nie ma

Z biegiem czasu

Ziemia to kula początku nie ma
Co może zdziałać zwykły widz
Jego też nie ma i nie ma nic.

Podwójnie

Na oko jeden a w sumie dwóch
Pierwsze to ciało drugie to duch
A nie wygląda jakby się chciało
To duch jest szefem jest niewidoczny
Jako życiowy świadek naoczny.

Duch wszystko widzi często się wstydzi
Walczy by ciało dobrze działało
Ale osoba jakby z niewiedzy
Ciągle jej mało mało i mało.

A materializm to przemijanie
Człowiek się śpieszy wciąż czegoś szuka
Ciągle próbuje herezję kręci
Z przyzwyczajenia i bez pamięci.

I proszę bardzo stworzył atomy
Na własną ziemię wyrzuca gromy
I niszczy wszystko co sam wykonał
I nawet to co Bóg w nim dokonał.

Powstańcie do apelu

Bezskutecznie wołanie
Powstańcie do apelu
I cisza powtórne wołanie
Powstańcie do apelu.

Niestety nie powstaną do apelu
Było ich tak wielu niestety zginęli
W imię czego zginęli?
Odpowiedzi braknie.

Kto zatem ich wezwał do apelu
To był Bóg co z nimi przeszedł przez życie
Ci mądrzy uczeni nie usłuchali
Jak Bóg do zgody i jedności nawoływał
A bohaterów zabrakło
I do apelu nie powstaną.

Mecz trzeci ostatni

Jackson Saska Hans Fesz i Leonio
Wymyślili grę szaloną
Nie wiadomo z jakiej beczki
Wymyślili ot piłeczki
Mocne sprawne i gotowe
Ot tak o mocy jądrowej.

Rozgrywali zatem mecze
Urządzali więc zawody
Podrzucali piłki w górę
Czasem nawet i do wody.

Ktoś wygrywał ktoś przegrywał
Choć wkurzało nieraz graczy
Lecz po prostu odbijali
Bo nie mogło być inaczej.

Jackson kiedyś wkurzył Saskę
Piłkę odbił za daleko
I tamtemu potłukł browar

Z biegiem czasu

Oraz wylał z bańki mleko.

Na to odparł wtedy Saska
Kiedy mleko się rozlało
Wnet wypuścił dużo piłek
Że w powietrzu aż zagrzmiało.

Hans z Leosiem się kapnęli
Szybko z Frenchem się spiknęli
Chcieli wysłać swoje piłki
Ale jednak nie zdążyli
Bo im Saska pierwszy rzucił
I tyłem się do nich odwrócił.

Leon pierwszy dostał piłą
Ta odbiła się od Hansa
I stuknęła mocno Frencha
I przepadła wtedy szansa.

Leoś się ze wstydu spalił
Dostał piłką i się zwalił
Jackson milczy trochę drzemie
Wreszcie się ocknął i dla zmyłki
I wyrzucił w stronę Saski
Swoje nieoznaczone piłki.

Saska wyszedł na ulicę
Zauważył że to zmyła
I Natasza z polecenia
Do Jacksona wystrzeliła
Wszystkie piłki jakie miała
I okropna rzecz nastała.

Nasi wasi atakują

Piłki w locie się mijają
Ale co niektóre spadną
To boisko naznaczają
Zawodnicy wszyscy bledną.

Wszyscy się przestali ruszać
Tak okropnie się zmęczyli
Saska przestał nawet kucać
Jackson przerwał swoje lunche
Hans położył się na flance
Franz poślizgnął się na wodzie
A Leoś zawinął we firance.

I boiska są zniszczone
A igrzyska zakończone
Koniec meczu piłek nie ma
Efekt to spalona ziemia
Nikt nie gwiżdże już na auty
Bramki puste trawa dymi
Nie ma boisk nie ma mapy.

Jeno w rogu małpa licha
Tak dym jej w źrenice się wdziera
Błagalnie spogląda na niebo
Rozgoryczona umiera.

Smok

Smoki są znane nam z opowieści
Były potężne koślawe brzydkie
Toczyły wojny gryzły się wzajemnie
I zabijały się potajemnie.

Przykładem może być smok wawelski

Z biegiem czasu

Ział ogniem wkurzał się jak był głodny
Przeminął z czasem jak wszystko inne
Jest smocza jama i są dowody.

A nasze czasy smoki są w górze
Czarne i siwe brzydko pachnące
Wiją się pełzną i zasłaniają
Piękne jaskrawo świecące słońce
I nie próżnują niszczą co żyje
Są jedną wstrętną chemią.

Smok niszczy płuca nerki i serce
Wtargnie do buzi uszu i oka
Więc używając wszystkich sposobów
Starajmy się zgładzić dymnego smoka.

Kapela życia

Nasz dzień powszedni to jak muzyka
W nocy poważna przyjemna senna
Rankiem się wzmaga zagrzmiały bębny
Werble puzony i saksofony
Biegiem do pracy będziesz spóźniony.

A w zależności jaka jest praca
Jeśli to biuro gra teatralna
Jesteś kierowcą czy wracasz z pola
Tnie dziarsko w rytm rokenrola.

A przy obiedzie sprawa się rypła
Ktoś coś przesolił dźwięk się wyrywa
Wieczorem raczej akcja wizyjna
Rozbrzmiewa głośniej telewizyjna.

Głośniej i ciszej że coś się dzieje
Przepadły nuty nikną akordy
Muzyka ucichła postać zmęczona
Zasnęła nagle i się nie rusza
Całą muzykę wchłonęła dusza
W rytmie spokojnym i bez pośpiechu
Na przemian grają płuca w oddechu.

Nasze drzewo

Za naszym oknem drzewo ogromne
Jak wielki posąg spogląda w niebo
Dosłownie obok na ziemi żyznej
Lubimy patrzeć na nasze drzewo.

A na pniu drzewa jest jadłodajnia
Dla naszych ptaszyn okruchy sypie
To moja żona cudowna miła
Co wodą kwiatki już porosiła.

To nasze drzewo piękne i boskie
Zielenią liści latem pokryte
Jak w pięknej baśni w kolorze słońca
Dla nas obojga wielki zaszczytem.

Ze spadającym słońca strumieniem
Obejmującym konary drzewa
Na wystającej kruchej gałązce
Ptaszyna mała ochoczo śpiewa.

Czasem z gałęzi wyjrzy wiewiórka
Czarne ptaszysko zjawi się przypadkiem
Machnie skrzydłami pokręci głową
Niepostrzeżenie umyka z wrzaskiem.

Z biegiem czasu

Często przechodząc młoda dziewczyna
Wzrok na koronie drzewa zatrzyma
Gdzie słowik nutką muzyczną kwili
I deszczyk rosi zielone listki
A powiew wiatru gałązki chyli.

Te nasze drzewo warte miliony
Należy do mojej żony i do mnie
Siadamy często pod jego cieniem
Jest dla nas wielkim marzeniem.

Co by to było?
Ciągle się mówi o uczciwości
O wielkich sprawach teoretycznie
Ale praktycznie to jest inaczej
Co się zawali przestaje istnieć.

Firma uczciwa znaczy nie chciwa
Chcesz nabyć tam nowe auto
Drogo kosztuje bo sto tysięcy
Modne wykwintne wspaniałe auto
Ale niestety nie stać cię na to
Dealer nie chciwy on nie chce więcej
Tylko jedynie te sto tysięcy.

Dostałeś czeka to mnóstwo forsy
I zaprosiłeś przyjaciół do baru
Lecz każdy z gości płaci za siebie
To jest w porządku czy to przystoi?

Tak zaprosiłeś jak ugościłeś
A biedaczyna ostatnim groszem

Uczciwie dzieli się z milionerem
Kto tu jest chciwy czy prawidłowo
Być może biedak ten ma coś z głową.

Wszyscy od siebie to jest uczciwość
Wszyscy do siebie i to jest chciwość
Czy gromadzenie dóbr jest bezsensem?
Co mi potrzebne to sobie kupię
Będę szczęśliwy nigdy po trupie.

Niewdzięczność

Świt ci się rano pokłonił
Obudziłeś się otworzyłeś oczy
Skąd ten grymas na twarzyczce
A dlaczego a po co?

Zamiast się uśmiechnąć do poranka
I powiedzieć   dobrze mi
Robisz dziwne i głupie miny
Czy coś nie podoba się ci?

Nie chce się nawet zaścielić łóżka
Jak ciężko ci
A skarpetki brzydko pachną
Czy to nie wstyd?

I nie umyłeś buziaka
Nie chce się
I nie wyczyściłeś ząbków
W buzi pe.

Mruczysz cosik pod wąsem
O coś tam bądź

Z biegiem czasu

Nagle sparzyłeś rączynkę
Nie musisz kląć.
Nie pogłaskałeś kociaka
No bo nie
Do żony brzydka odzywka
Czepiasz się.

W nerwach udajesz się do pracy
Opuszczasz dom
Piesek zamerdał ogonem
Poszedł won!

Za mną

Kto za mną pójdzie być może ludzie
A tak naprawdę bardzo w to wątpię
A to dlatego że jestem biedny
I w telewizji też nie wystąpię.

Nie jesteś królem to ci nie ujdzie
Bo za kimś takim to nikt nie pójdzie
Z wyjątkiem jednym bo za Chrystusem
Szli ludzie biedni cisi wytrwali
Lecz ci bogaci i bardzo mądrzy
Tak go po prostu ukrzyżowali.

Tego by poszli zrobić się nie da
Za biednym pójdzie smutek i bieda
Bo jestem stary młodszy nie będę
Kto raczy spojrzeć na taką mendę
Który nie liczy się na arenie
I żywi chlebem tym po przecenie.

Kapka

Kapka to ile to naprawdę jest?
Kilogram dzień jeden dwa metry
Kapnięto komuś tak po dwa grosze
I to się stało a za rok proszę.

Zbudował duże apartamenty
Zrobił się bogaty inny weselszy
W barku ma wszystkie gatunki wódki
W sejfie dolarów dziesięć miliony
Bywa w kasynach gra na wyścigach
Jedną prawdziwą i lewe żony.

Lwy na łańcuchu trzech ochroniarzy
Otwartą drogę do wielkich marzeń
Patrzy do góry i szuka wrażeń
Czy to możliwe jak to się stało?

Odpowiedź prosta
Trochę za późno się pomyślało
Bo na dobrobyt dla tego pana
To się miliony osłów składało.

Dlaczego nie zadzwoniłeś?

Martwię się co to będzie
Zapomniałem nie zadzwoniłem
Ale mnie mileńka zbeszta
Zrobił mi się mały wypiek
Zaczerwieniła się buzi reszta.

Dlaczego nie zadzwoniłem?
Czy zajęty bardzo byłem?

Z biegiem czasu

A może nawet zaspałem
Jakieś wiersze napisałem
Patrzę mówię do słoneczka
Nie dzwoniłeś a mileńka
Czekała na sygnały fonu.

Sprawa to już kryminalna
A kultura moja cienka
Jak zapomnieć o tym jednym
Cukiereczku moim pięknym.

Cóż więc robić co wymyślić
Zawiniłem będzie kara
I to zapewne sroga
Więc składam ręce do Boga.

Nagle mnie się przypomniało
Ja dlatego nie dzwoniłem
Ba mileńka w domu była
Teraz ją wypatrzyłem.

Po stopie

Ludzie niczym te dzieciaki
Wymyślili różne znaki
Ostrzegawczo przebojowe
Pokojowe i drogowe.

Ogólnie dla wszystkich pojazdów
Zakaz wjazdu skrętu w prawo
Zakaz przejścia i tak dalej
Najważniejszy znak to stop.

Powinieneś się zatrzymać

Przekroczyłeś duży problem
Może stało się krucho
Była stłuczka i wypadek
Kap pociągnął cię za ucho.

Stop drogowy to nie problem
Duży problem jest na końcu
Duch się wkurzył i jest stop
I powstają ciała drgawki
Wstrząsy pląsy i westchnienia
Coś w rodzaju silnej czkawki.

Duszek mówi do zobaczenia
Nagle co to wyrósł stop!
Duch próbuje lecz nie może
Ani w prawo ani w lewo
A do przodu nie przepuszczą
Trzeba będzie zdawać testy
Egzamin z całego życia
Z kierowania tamtym ciałem.

Duszek coś próbuje czynić
Wierci się i swoje gada
      Co osiągnął w tamtym życiu
      Co wypada co nie wypada
Już za późno żeby zmienić.

Głos odezwał się z przestrzeni
      Zdałeś egzamin mój drogi
      Pójdziesz teraz jasną drogą
Wszystko ekstra oświetlone
Wszędzie schludnie i morowo
Żadnych znaków i zakazów
Gwiazdeczki błyskają nad głową.

Z biegiem czasu

Na naturalnym zakwasie

Chleb na naturalnym zakwasie
Pszenny żytni i razowy
Pokrojony w zgrabne kromki
Masłem od naturalnej krowy.

W grę nie wchodzi cena chleba
Pomijając cenę masła
Ktoś odżywiał się z nadzieją
Zapalona świeczka zgasła.

To że chleb na takim zakwasie
Powiadają naturalnym
Wiadomo o wiele droższy
I dlatego stąd wynika
Że nie stać na jego kupno
Przeciętnego robotnika.

Teraz nadszedł prawdy czas
Jego nie stać i na zakwas
Nie mówiąc o gotowym chlebie
Sytuacja kwaśna dziwna
Więc należy zbadać sprawę
Dużo starań mnóstwo badań.

I wyszła zwyczajna ściema
Chleb jest owszem całkiem niezły
Lecz zakwasu w chlebie nie ma
W zamian chemia i barwniki
Kombinowane składniki.

I kupują

Drogo płacą za taki chlebek
Znaczy zdrowe pożywienie
Producencie miej sumienie.

Handel kwitł i było miło
Spożywano chleb z zakwasem
A tymczasem coś tąpnęło
I zaczęło się świntuszyć
Po spożyciu tego chleba
Ząbki zaczęły się kruszyć.

Buzia robi się zielona
Nie minęło wiele czasu
Znowu nowa zmiana zakwasu
W międzyczasie nastąpiła.

Zarząd firmy zniknął w czasie
Kadzie z zakwasem poszły w ścieki
O co chodzi nie wiadomo
Kręcą się chłopcy z bezpieki.

Znikły z półek pajdy chleba
Ktoś się zatruł jakimś kwasem
I zaniki są pamięci
A interes przestał się kręcić
Z biegiem czasu
Z braku zakwasu.

Walka o trawkę

Wyglądała tak niewinnie
Miała tylko trzy tygodnie
Mała trawka zieloniutka
Rezolutna wesolutka.

Z biegiem czasu

Jak tu pomóc tej roślince
Żeby rosnąć szybciej mogła
Prośba posiać ją nawozem
Rolnik zrobił to z ostrożna.

Więc nabytą w sklepie chemię
Posiał na zieloną trawkę
I za dwa dni go zatkało
Ujrzał trawkę dostał czkawkę.

Coś się stało boli głowa
Trawka stała się brązowa
Coś się tutaj wydarzyło
Pewnie słońce ją spaliło.

Żegnaj droga do widzenia
To zrobiła pani chemia
Tak potwornie trawkę zmogła
Że jej woda nie pomogła.

Nowe techniki

Dobry czas ówczesny nasz
A technicznie postępuje
Samolotów zatrzęsienie
Satelity błyszczą w górze
W ogrodzie róże białe i czerwone
Zdarzają się nawet zielone
To zależy od barwnika
Zdziałanego przez chemika.

Nauka fizyka chemia i procesy
Kwitną jakieś interesy

I potężne korporacje
Zawirowania i wibracje.

A modyfikowana żywność
Tez potrafi zmienić płuca
Pomylono się w aptece
Gościem o podłogę rzuca.

Alkohol gdzieś tam zatruty
Gościu w drodze zgubił buty
W kieliszku została plama
Wszystkiemu winna reklama.

Pusta kieszeń

Było lato idzie jesień
Coraz zimniej jakoś głupio
Zima idzie pusta kieszeń
A dlaczego? bo nas łupią.

Kogo łupią niech się martwi
Robi dziwną minę trupią
Co niektórym to pasuje
Oni sami też się łupią.

Żebrak po grosiku zbiera
Żeby przeżyć jakoś istnieć
A kogo to teraz obchodzi
Tych co im się powodzi.

A odmłodzić się jest problem
Ciemno nie ma oświetlenia
A i wody też niedużo
Bo ugrzęzła w wielkiej rurze.

Z biegiem czasu

A na piwo by wyruszyć
Kasy braknie musi suszyć
Szkoda że się kończy jesień
Zima idzie pusta kieszeń.

Choróbsko

Patologia to choroba
Histeryczna teatralna
I związane z nią trudności
Z braku zwykłej normalności.

Patologie złe nawyki
Podobno przybyły z Afryki
To potomek niewolnika
Zaklęty przez czarownika.

Trudno złamać taką klątwę
W uzdrowienia takie wątpię
Bo w ówczesnej ideologii
Są objawy patologii.

Patologia osobista
Może stać się niebezpieczną
I zmienić na patologię
Na ogólną i społeczną.

Mury

Mury kamienne zapory i płoty
Drewniane domowej roboty
Plastikowe bramy betonowe
Wyrosły przed nami i za nami

Budowane całymi wiekami.

Jest jeden szczegół
Raj nie był ogrodzony płotem
I może nigdy nie będzie
Więc co tam mogło być grane
Że Adam z Ewą jak podpadli
Wychodzili przez szeroką bramę.

Tereska przymierza stroje

Dobrać strój na uroczystość
To nie jest tak sprawa prosta
Bo musi pasować
Przy tym trzeba się namęczyć
I uwzględnić przy tym wszystko
Żeby nie wyglądać dziwnie
Nie za cienko i obcisło
To musimy tak wyglądać
Jak piękna syrenka nad Wisłą.

Tu strój zwiewny falbanki
W lewo prawo i uskoki
Tereska przymierza suknie
Robi dziwne ruchy w boki
Skrętoskłony i przysiady
W prawo w lewo i ukłony.

A ubrania leżą cicho
I czekają na kolejkę
Tworzą długą linię ciągłą
I ubraniową alejkę.

A więc wybieramy stroje

Z biegiem czasu

Och wy sukieneczki moje
Bluzki spodnie i żakiety
Do sprawdzenia są niestety.

I zaczyna się od nowa
A może by tak ta groszkowa
Nie za bardzo granatowa
A czerwonej brak impetu
Zielona luźna to nie to.

Może by ta w proste paski
Całkiem pasuje bez łaski
A ta w pozłacane ognie
I do niej te siwe spodnie.

Nie nie to nie przejdzie teraz
Bo to ścisłe
A może ta w czerwone róże
Dobra lecz róże za duże.

Jest sukienka teraz bluzka
Trochę to wygląda luźna
A ten płaszcz to jest za długi
Jakieś dziwne wąskie tugi.

O ta w groszki to najlepsza
A co do niej dopasować
Ta ma jakieś skośne linki
I nie pasuje do szminki.

O mam suknię w gwoździki
Gdzieś z dalekiej Ameryki
Muszę raz się jeszcze ubrać
I od nowa dopasować.

Ojejku a może bluzka taka
Nie wygląda jak nijaka
A może ta w zwarte prążki
Nie wyglądam tak jak z książki.

W tych koralach aż mnie parzy
W tych to lepiej mi do twarzy
Pomalowane paznokcie kolor za jasny
Nowy kolor naniesiony lepiej.

Te spodnie są bardzo ładne
Przymierzyłam je dokładnie
I wyglądam bardzo zgrabnie
Muszę sobie zrobić przerwę
Od przymierzania się oderwę.

Historia

Godziny płynące tak żmudnie
I wczesne poranki upalne południe
Marzenia i wzloty udręki rozstania
Tęsknoty życiowe zmagania.

Zwyczajne pytanie dlaczego?
Tak każda istota się trudzi
Zasypia by rankiem się zbudzić
By ujrzeć promyki słoneczne
Przejrzyste znajome bezpieczne.

Teoria z praktyką i zwykłe bazgroły
Żmudna czasem niewolnicza praca
Stwarza wizję dobrobytu bogactwa
Jest pełno przekrętów matactwa.

Z biegiem czasu

Historia się tworzy jak czasu przeźrocza
Tak ciągle zajęta uparta urocza
Jak blask wschodzącego słońca
Gdzie nie ma początku i nie będzie końca.

Ustronne miejsca

Z czym się kojarzą miejsca ustronne
Z wysokim szczytem tajemnym przejściem
Wyspą bezludną na oceanie
Wielką jaskinią i cichym miejscem.

Na krańcach świata
W różnych kierunkach biegają ludzie
Hałas się echem z dali odbija
Człowiek nie świnia kwiczy bez ryja.

Zmącona cisza błogiej przyrody
Starzenia proces bez naszej zgody
Mądry czy głupi czasem owaki
Został modelem ot ten nijaki.

Ustronne miejsca wymowne cisze
Mówią za siebie inaczej słyszę
Myślami biegną tam i z powrotem
Lecz nie wiadomo co będzie potem.

Batem

Ot tak zwyczajnie i nie stronniczo
Twierdzenie w którą nie spojrzeć stronę
Życie człowieka jego rozstaje
Nie jest tak proste jak się wydaje.

Królewicz żebrak czy egzorcysta
Posiada rozum i wolną wolę
Spełnia na ziemskim ciężkim padole
Zgodnie z programem boskim swą rolę.

Teoretycznie i według prawa
Jedną rodziną jesteśmy zatem
Pytań jest mnóstwo bez odpowiedzi
Pies na łańcuchu pan pod krawatem.

Między

Niebo i piekło co jest pośrodku
Strefa przejściowa duchowa łaźnia
Różne są wizję związane z czyśćcem
Fantazja prawda i wyobraźnia.

Czas ciało liche w proch obróciło
Duch poszybował w nieskończoności
Tyle się zdarzeń ziemskich przeżyło
W imię przyjaźni szczęścia miłości.

Klamka zapadła słowo się rzekło
A co tam będzie niebo czy piekło
Oczy nie patrzą serce nie wali
Czasem ktoś przejdzie świeczkę zapali.

Nic

Nic to idealna czystka
Powiew wiatru szelest listka
Marzący we śnie teatralny widz
Czy to prawdą może być?

Z biegiem czasu

Nic nie boli więc umarłeś
Dużo piłeś dobrze żarłeś
Wciąż biegałeś za płatną pracą
Dlaczego po co i na co?

Nic to ściema i herezja
Niedokończona amnezja
Powalona drzewa kłoda
Wijąca się krowa na rurze
Duży obłok w małej chmurze
Nic tu ująć nic tu dodać.

Dużo mało nie pośrodku
Chlipiesz chude mleko kotku
I zaliczasz maratony
Wykończony i spocony.

Nie cieszą już medale ordery
Życie uciekło w tej matni
Nic się nie martw tak być musi
Nie ty pierwszy i nie ostatni.

Świat stoi otworem

Ranek wiosenny rześki
Sobota dzień wolny od pracy
Jakże inny od tego na co dzień
Kłębiaste chmury na niebie
Tylko patrzeć jak lunie deszcz.

A może to dla rozrywki
Beztrosko na goło pobiegać
Sprawdzić czy jesteś szybki

I to na łonie natury
Deszcz rześko po cyckach zacina
A ciało się pręży i siły przybyło
Doprawdy uroczo i miło.

Świat stanął otworem przed tobą
I stajesz się inną osobą
Życzliwszą mądrzejszą upartą
Ćwicz z rana naprawdę jest warto.

Kanapka z Coca-Colą

Wielgachne pajdy chleba
Przełożone schabowym z wieprza
Zakrapiane pikantnym keczupem
Do smaku z sałatkowym czubem.

Do tego ogórek zielony z łupiną
Płaty sera żółtego sałata
Groch zielony seler por pietruszka
Owoce mielone i świeża ruska ryba
To wszystko wymienione chyba.

Gość zjadł właśnie takiego hamburgera
Popił colą i wypuścił bąka
Cholesterol mu skoczył na trzysta
Krew wzburzyło zacina się jąka
Położony na wznak patrzy w górę
Stracił siły wszystkie kości go bolą
Któż to słyszał by kanapkę dziesięcio-kilową
Popić złośliwą chemiczną coca-colą.

Z biegiem czasu

Nawyki

Przywyknąć do jadła leżenia i sadła
Lenistwa do wrzasku mierności
I śmiać z byle czego nawykiem nazwane
Tak często niemile widziane.

Być świnią żyć w chlewie
Łopotać skrzydłami na wietrze
Czy może się upić ot tak bez przyczyny
I bąki wypuszczać w powietrze.

Przywyknąć do życia i może z ukrycia
Uroczy krajobraz podziwiać
A twarz mieć pogodną i minę
I czekać na dobrą nowinę.

Uwiedziony Pysek

Mam wielkie szczęście zostałem
Uwiedziony przez Tereskę miłą
Pokrótce opowiem jak to było
Niebieskie oczy Tereski
Przeszły mnie na wskroś
I struchlało w Pysku to coś.

Zaborcze myśli Tereski
Wniknęły do Pyska wnętrza
Co się wtedy stało on nie miał pojęcia
Aż dech mu zaparło i zatrzeszczały kości
Czy da radę sprostać tej miłości?

Pełen radości jest cały dom

Troskliwa opiekuńcza pani
Nie pasuje to się wkurzy
Jak pan podpadnie to ochrzani.

Tyle miłości i dobroci masz Teresko droga
Taki skarb to zesłany jest przez Boga
I miłość Pyska do miłej nie zgaśnie
A oto chodzi cały czas właśnie.

Nim się obejrzysz

Czas biegnie chwila za chwilą
Jak błyskawica nogi się mylą
Uszy do góry spojrzenia z dali
Jesteśmy wielcy zarazem mali.

Oczy przecierasz a już po ślubie
Nic nie pamięta bo tak miał w czubie
Głowa mu pęka że szkoda gadać
Jak z takim bólem życie układać.

Przeszło minęło jakoś to było
Na nowo wszystko się ułożyło
Kłody pod nogi praca rodzina
Nie zauważył że go wygina
I twarz się kurczy w dziwnym grymasie
Cóż zestarzałeś się kontrabasie.

I nowa maska tak zwana twarz
Kijek laseczka chodzik i wózek
Kiedyś bohater nieustraszony
A dziś po prostu garbaty luzek.

Ba i lenistwo i głowę chyli

Z biegiem czasu

W oczach migawki słoni motyli
Czasem tak bywa można się zmęczyć
Żeby musowo tyłek podetrzeć.

Nim się obejrzysz już po dopingu
Chcesz czy nie zechcesz musisz zejść z ringu
Spadasz na dechy krótkie oddechy
Sorry bobasku wysiadły miechy
Wrażenie jakby uciekła ziemia
Czas jest zwycięzcą i gościa nie ma.

Szesnastu na jednego

Szesnastu na jednego o Boże
Któż temu jednemu pomoże
A o co tutaj chodzi
Oni są tacy młodzi.

On stary jest miał dwie żony
To pan ogolony i doświadczony
Umyty wysportowany
I w ogóle taki nie byle jaki.

Nie chowa głowy w cień
Stoi w nocy i nieraz w dzień
Sam jeden bez balastu
Nie boi się tych szesnastu.

Kto może jego znać
Nie musi się go bać
I wszyscy odetchnęli
Teraz się dowiedzieli.

Tych szesnastu to więźniowie w celi

Co prawo mocno nadszarpnęli
Zamknięci na trzy spusty
Z powodu rozbojów i rozpusty.

A ten jeden naprzeciw stoi
Szesnastu się nie boi
Nie bestia nie czarownik
Ale więzienny wartownik.

Oddawał a nie pożyczał

Oddawał a nie pożyczał
W końcu puściły mu nerwy
Skończyły się zapasy
Wszelkie możliwe rezerwy.

Sam sobie wytoczył proces
W sądzie na siebie krzyczał
I w końcu wyrok zapadł
Skazany dożywotnio do kicia.

Nikomu nic więcej nie odda
I nie pożyczy więcej
Splecione na kracie ręce
W głowie odgłosy grzmotu
A wszyscy którym pożyczał
Życzą mu szybkiego powrotu.

Tupanie

    Nie tupaj bardzo ciebie proszę
    Wiesz jak bardzo tego nie znoszę
    I zdania swojego nie zmienię
    Gdy wkurzysz mnie miła

Z biegiem czasu

To się z tobą nie ożenię.

Królewna na to odrzekła
    Ty zwariowany przygłupie
    Podoba mi się dlatego tupię
    Nie robisz mi waść żadnej łaski
    Poszukaj sobie innej laski
    Gdy nie pasuje ci to to won
    Ja tutaj jestem królową
    To jest mój tron.

Narrator
    On został wrzucony do lochu
    Nazajutrz z samego rana
    A powód znany już wcześniej
    Nie lubił panienki tupania.

    Królewna wyszła za mąż
    Za księcia starego przygłupa
    Któremu to nie przeszkadza
    Jak ją to bawi niech tupa.

To ja powiadam wam

Jestem ekologiem
Żyję zgodnie z sumieniem
Wkurzony jestem że chcecie wyciąć gaj
Nie róbcie tego w imię przyszłości
Ściągacie klątwę na kraj
Nie róbcie tego aj aj aj.

I przywiązał się do drzewa grubymi łańcuchy
Na wszelkie próby odejścia głuchy.

A problem pozostał dla drwali
Lecz oni go nie błagali
Przywieźli pod nogi mrowisko
Bez komentarza to wszystko.

Luźny pan

Luźny pan
Miał swojego anioła i niezłą pensję
I zawsze miał pretensję do osła swojego
O to że ten był mądrzejszy od niego
A dlatego bo osioł człapał powoli
Stękał że go z tyłu coś boli
I stał długo kiedy chciał
I głupio się z pana rżał.

Pan ciągle powtarzał   ośle
    Jak się nie zmienisz to ci wiąchę pośle
    I nie dostaniesz jeść
      Umrzesz z głodu i cześć.

A zwierzę oparte przy chałupie
Słuchało i miało to w tyle
I stało i wodę śrupało
Ogonkiem machając przy pupie.

Lecz pan już nie mógł tego znieść
Wpadł w nerwy i sam przestał jeść
A szkoda nie pomyślał ba
Jak umrze kto osłu jeść da.

I umarł pan w siódmym tygodniu
Przechodząc straszne męczarnie
A osioł w międzyczasie opróżnił

Z biegiem czasu

Z jedzeniem całą spiżarnię.
Pan zrobił to co uważał
A wyszło to bardzo głupio
Ciekawe co stało się z osłem?
Nie wierzę w to bo dorosłem.

Dano nam

Dano nam wszystko co ludzkie
Życie miłość i wiarę
Dobroć szlachetność i zdrowie
Niech każdy się o tym dowie.

Mam parę rąk i nóg
Uczynił to sam Bóg
To właśnie jest pierwszeństwo
Na wzór i podobieństwo.

Istnienie związane z czasem
Który tak bardzo nam drogi
A życie stawia bariery
Zmagania i wymogi.

Nie bójmy się trudności
Ogromne wyzwania przed nami
Gdy uwierzymy w opatrzność
Wszystkiego dokonamy.

Szczęśliwy

Któż zatem jest szczęśliwy
Mężczyzna królewna czy bum?
Czy całe tabuny mesjaszy?

Spełnieni dumni wieszcze?
Szczęśliwi w innym kontekście
Cóż dodać do szczęścia jeszcze?

Szczęśliwi tutaj i teraz
Pamięcią sięgając wstecz
Starajmy się zrozumieć
Że szczęście to niezwykła rzecz.

Pomyłka

Mierzyć w dziesiątkę a trafić w piątkę
Znaczy pomylić się o połowę
Jak to się stało czy lufa krzywa
Prochu za mało i tak to bywa.

Przegrany poczuł się urażony
Piątka to mało przegrał ma długi
A to jest wina pewnej papugi
On jej posłuchał i nabój długi
Włożył do lufy i po raz trzeci
Wierzył że dłuższy szybciej doleci.

Może fizycznie jest to możliwe
Tak się nie stało ptaka zatkało
I dom straciło biedne ptaszysko
I to już wszystko.

Dwie strony medalu

Spłonął wielki las
W zimowy trudny czas
Zwierzęta leśne uciekły do wioski
Trzeba je przyjąć i jeść im dać.

Z biegiem czasu

Na tę wieść ludzie zamknęli bramy
My się zwierzyny boimy
My jeść im nie damy
Nie pomożemy bo nie chcemy.

I zamarzły leśne zwierzęta
Minął czas nikt już nie pamięta
I nagle ogień strawił całą wieś
Ludzie uciekli do lasu
Szukają schronienia i jadła
Trwoga na wszystkich padła
Jak zachowa się teraz zwierzę?
Czy tak jak ludzie nie wierzę.

Wolność i prawo

Tworzymy jeden wspólny dom
My mieszkańcy tej ziemi ludzie
Walczymy o wolność i szczęście
W pocie czoła znoju i trudzie.

Nie zawsze to mija się z prawdą
Cóż jednak to jest inaczej
Bo między sobą walczymy
Do gardeł się wzajemnie skacze.

Wolność i równe prawa
Bez względu na kolor skóry i rasę
W praktyce bywa odwrotnie
Tak bywa co wasze jest nasze.

A ci niektórzy co prawo tworzą
Dla wszystkich to bzdura

To są ogromy obłudy
Kłamliwa fałszywa chmura.

Czas przyjdzie dogoni każdego
I nie ucieknie spod boskiego prawa
A to jest sedno wolności
Otuchą nam serca napawa.

Manipulacja

Wszystko się zgadza oryginał
A w zwierciadle widać kopię
Manipulant kombinator
To coś na wzór czarodzieja
Skleja coś dodaje mnoży
Knoci wybucha przed czasem
Miała być to zwykła piła
W rezultacie powstał basen.

Manipulant to jest facet
Ten nabiera nas na bajer
Bardzo często i to cicho
Zwykły kolega Zdzicho.

Co nas dziwić może

Co nas zadziwić może
Skoszone wiosną dojrzałe zboże
Śpiewające w lesie jelenie
Przełożone Święta Wielkanocne
Na Boże Narodzenie.

W nocy świecące słońce
Początek związany z końcem

Z biegiem czasu

Zimą na łące kwiaty pachnące
Potargane włosy na łysej głowie
Krzyki niemowy w rozmowie.

Dziwnie się dziwić ze zdziwieniem
Przedziwnie otwierając szeroko buzię
I tylko pojedyncze trzonowe zęby duże
Na przodzie są teraz w modzie.

Zwrócić uwagę

Uwagę zwrócił sobie
Dlaczego on to właściwie robi?
Nie sypia nocą lecz w dzień
Uważa że to nie on
To właśnie jest jego cień.

Powinien a nie jest patriotą
Odznaczony Krzyżem Zasługi za długi
Społecznie też się udziela
Dostaje mandaty za szybką jazdę
Rozbił nowiutką Mazdę.

Co mu tam znaki drogowe
To nie jest na jego głowę
Na widok stopu traci mowę
Przejechał krowę.

Wczoraj poznał panią Małgorzatę
Umówił się z nią za rok
Nie latem tylko zimą na plażę
Jak on się tam w kożuchu pokaże.

Żeby mieć taką odwagę

Zwrócił jej uwagę
Że jest próżna i pusta
I bardzo tłusta obleśnie
    Źle to przyjęła
Zrobił to chyba za wcześnie
Do randki nie doszło
Zachował się boleśnie.

Teraz siedzi w domu z papugą
Spogląda w okno
Jak sąsiadki podlewają kwiatki
Nagle chyba jedną zatkało
Może coś zjadła bo nagle upadła
Pomyślał pewnie złamała nogę
Pobiegnie to jej pomoże.

Niestety dostał od jej męża w pysk
Ogromny poczuł w sercu żal
Zrozumiał że życie to nie bal
Stąpa w lipcu po grudzie
Co wy na to dobrzy ludzie?

Reporter

Do drzwi przykleił się ten on
Ręką próbuje sięgnąć za futryny ramkę
Kombinuje włożyć klucz do zamka
Nie dał rady urwał klamkę.

Widzę to akurat tam jestem
On jest nietrzeźwy
Pomagam ludziom do tych należę
I w to co robię wierzę.

Z biegiem czasu

Jestem reporterem
Myślę nad artykułem do gazety
Co napiszę że pijak nie trafił do domu
Na co to komu?

Nie nocował w domu
Chrapał głośno na klatce
Długo walczył z zamkiem
Urwał klamkę.

Wiem napiszę że zasłabł górnik
Po ciężkiej pracy na dole
I był tak stresem przybity
Powlókł się do domu
Po drodze przez chuliganów pobity
A żona jego do rana czekała
Z kolacją na tacy
Powinno się udać
Uwierzą będą i tacy.

Nie a może ujmę to tak
Leżał poszkodowany na wznak
Przy tykającej bombie
Rozbroili ją saperzy
I stąd te kłopoty
A bomba domowej była roboty.

To z pewnością jest niezłe
Artykuł mam z głowy
Tylko podpisy kierownika
I uśmiech na twarzy rozkwita.

Artykuł wydrukowany i sukces
Stałem się popularny

Psia mać czego tu się bać
Wszyscy starają się mnie znać.

Nagle i stało się psia kręć
Znalazł się świadek zdarzenia
Jakaś kobieta widz
Sprawy się pogmatwały
Z sukcesu nie wyszło nic.

Pomyliłem w artykule zdarzenia i daty
Prawdy nie widać za wiele
A drzwi wysadzono w kościele
Tak do błędu potrzeba niewiele.

Straciłem pracę w redakcyjnym biurze
Szef zrobił oczy duże
Na dodatek żona w domu ekstra burzę
Mam dwa oczy sine i jeszcze głupią minę.

Przez frajera nie śpię w nocy się budzę
Nie wychodzę z domu
Bo co pomyślą o mnie ludzie
Na drugi raz to pijaka nie obudzę.

Niech męczy to się rozumu nauczy
Śpi na klatce i mruczy sknera
To w nagrodę za mówienie prawdy
Trochę szacunku dla reportera.

Szacunek

Czy należy się szacunek?
Za odbytą służbę wojskową
Grzecznie odbytą w więzieniu karę

Z biegiem czasu

Uszyte spodnie na miarę.

Za udział na dalekiej wojny froncie
I przepisaną kasę darowizną na koncie
A może za zerwane z teściową rozmowy nocne
Kto pokryje koszty za Święta Wielkanocne?

Za prace społeczne stanie w kolejce
Powroty do domu po kryjomu
Osiągnięcia naukowe niedojadanie
Darme gadanie ratowanie życia
Stronienie od wódki picia.

Zaprawdę powiadam wam
Dotyczy to pewnych warunków
Nie masz szacunku do siebie i do innych
Nie szukaj winnych.

Wielka inność

Zabrakło siły nagła rozterka
Poczucie bezsilności wyplata
Zaczyna w brakować powietrza
Tak wielki ciężar barki przygniata.

Niezależnie od wieku siły mądrości
Coś dziwnego narasta w człowieku
Wydaje się że to koniec napiera
I serce szamoczące w bezdechu.

Z kimś niewidzialnym się spiera
Poczucie wartości maleje
Dziwna obojętność nadchodzi
Nie rozumiesz co się dzieje naprawdę

I nie możesz się z tym pogodzić.

Powracają dawne wspomnienia
I obrazy z teraźniejszością się kojarzą
Ogromna niechęć do odejścia
I odczucie że twoje losy się ważą.

Myśli biegną jak błyskawice
Lęk przed czymś co ma nastąpić
I nadzieja że jednak zostaniesz
A w chęci do powrotu wątpisz.

Tracisz siły i zasoby woli
Tak naprawdę to już nic nie boli
A poczucie niedosytu życia wzrasta
Z niepokojem się mnoży i urasta.

I myśli poszarpane w zwoje
Wydaje się że są już nie twoje
Stajesz się obojętny bezbarwny
Jakby wszystkie kolory się zatarły.

        Nie teraz to nie mój czas powtarzasz
Próbujesz się otrząsnąć ciężar zrzucić
I do stanu sprzed tąpnięcia niemocy
Jak najrychlej próbujesz wrócić.

A walka o życie wciąż trwa uparta
Duch i ciało myślami się bije
Na szali istnienia i odejścia
Czy aby tę przerwę pokryje?

I udało się i tym razem
Wielka niemoc padła pokonana

Z biegiem czasu

I duch pozostał w ciele
Walka o życie została wygrana.

Kopnięty

Tak przypadkowo duch go opuścił
Niespodziewanie odszedł do Raju
Przystojny kowboj na ślicznym koniu
Podróżujący po pięknym kraju.

Była to jesień wietrzno na dworze
Duch zabitego pojąć nie może
I niewidzialną twarz w dłoniach tuli
Żeby przynajmniej tak go otruli
Lub w pojedynku zginął od kuli
Na jakimś szynku lub gdzieś na rynku.

Jak to możliwe sam siebie pyta
Zginąć z powodu konia kopyta
Konia którego znał od maleńkości
I go obdarzał duchem miłości.

Kowboj nieżywy duch pyta konia
    Popatrz konisko spieprzyłeś wszystko
    Pana zabiłeś wstrętny bękarcie
    Kto cię napoi kto da ci żarcie?

Koń zarżał z lekka pokiwał łbem
    Ty dobrze wiesz ja dobrze wiem
    Duchu widziałeś jak bił mnie batem
    Od urodzenia aż do starości
    Moja zapłata nieplanowana
    W imię miłości konia do pana.

Pytania bez odpowiedzi

W tym zagadnieniu dziwne coś siedzi
Pytań jest mnóstwo bez odpowiedzi
Jak więc zrozumieć jak się zasłużyć
Aby osiągnąć coś wspaniałego?

Gdzie jest odpowiedź i o co chodzi
I wytłumaczyć tego nie umiem
Tutaj w naturze i tam na górze
Jest mi po drodze iść do wieczności
Mówią że piękna pełna radości.

Wydaje się że

Teoretycznie to się wydaje
Życie na ziemi porównać z rajem
Krainą wieczną z ramienia życia
Która tam tory inne wytycza.

Praktyczne życie ziemskie problemy
Niespodziewane których nie chcemy
Kłody pod nogi przez los rzucane
Zmiany klimatu wstrząsy nieznane.

Walka z żywiołem gra o przetrwanie
Siła i czasy z trwożnym wyznaniem
To niezależnie od naszych działań
Jest dla nas wielkim wyzwaniem.

Całusy

Całusy to wygibusy to taniec stary
Krótkie cmoknięcia płochliwe

Z biegiem czasu

Obyczajowe weselne z uprzejmości
W obecności wielu gości.

Całowanie wymaga refleksu i kultury
Nie planować całowania z góry
Najtrudniej to cmoknąć się we własny tyłek
To jest dopiero wysiłek
Radzę nie próbować to może zniechęcić
Można język zwichnąć albo kark skręcić.

Popularność

Popularny kto się zasłużył i zasłynął
Wielki pisarz poeta aktor myśliciel
Ten co zwinął dużą kasę
Czarownica spalona pod lasem.

Popularność kosztuje wyrzeczenia
Cóż niestety i to przemija z czasem
Jak wszystko idzie do lamusa
Tylko prawda o życiu pozostaje
I wezwania do Boga na ustach.

Epokowy dinozaur

Dinozaur potężny twardy
W dawnej epoce gad latający
Był bardzo mądry i wiele przeżył
Razu pewnego spojrzał na słońce
Nagle osłupiał wtedy uwierzył.

Natychmiast zwołał ogromne smoki
I wielkim rykiem oznajmił braciom
    Trzeba się zwijać

Koniec epoki.

I nastał koniec z winy klimatu
Smugi słoneczne z ziemią się zwarły
Potężne bestie smoki i gady
Z powodu zimna szybko wymarły.

Ostatni został dinozaur tato
Był piąty lipiec pamiętne lato
Chciał się utopić skoczył ze skały
Umarł biedaczek od uderzenia
Zdążył wyszeptać
                Do zobaczenia.

Gdy zabraknie powietrza

Deszcz nie pokropi nastanie susza
Wiatr zamilknie kto będzie liśćmi poruszał
Nastanie ciemno i ciepło zniknie
Coś niedobrego z tego wyniknie.

W tej sytuacji i po kolacji
Nie będzie ranka ani obiadu
Wakacje ciemne niezbyt przyjemne
Może kosmici najadą drogą
Oni pomogą.

Bogaty kapelusik

Kapelusz modny ukłony z rana
Witamy pana
      Niech pan usiądzie może lampeczkę
      Dobrego wina poda dziewczyna
      Proszę odpocząć i oprzeć ciało

Z biegiem czasu

W złotym fotelu Mr. Kornelu.

Skąd zaufania tyle wynika
Pewnie tu chodzi o polityka
Stąd uprzejmości ukłony głowy
Kiwania bioder spojrzenia łase
A myśli biegną jak błyskawice
Bo taki ważniak posiada kasę
Po znajomości załatwi sprawę.

Oczy wesołe wąsikiem rusza
Jest wielkim graczem twardy nie płacze
Jedno skinienie asy w rękawie
I załatwione w odwrotną stronę
Tak mi jest przykro straciłem żonę.

Nie ma

Nie ma pieniędzy znikają bary
Zabrakło oszustów więc po co kary
Źle podłączyłeś kabel jest zwarcie
Chcesz coś osiągnąć walczysz uparcie.

Ciągle doganiasz a tego nie masz
Tego nie umiesz na tym się nie znasz
I kombinujesz martwisz się pocisz
Teraz poprawisz a później sknocisz.

Patrzysz na prawo oraz na lewo
Wybrałeś prostą a na niej drzewo
A co tam drzewo i skok do góry
Wyżej i wyżej już jesteś w chmurze
Ale jest klawo tutaj na górze.

Tak podziwiając ziemi zarysy
Robisz wyskoki sportowe popisy
Nie przewidziałeś że chmura rzadka
9.81 metra na sekundę i spadka.

Poligon istnień

We dni i noce i nieustannie
Trwa bój na miecze słowa i prawa
Gra ta wpisana w nasze istnienie
Rodzi i tłamsi owoc wydawa.

Błyszczy radośnie i ulgę budzi
I wiele zdarzeń cieniem przysłania
Wydaje owoc i wielkie żniwo
Co istnień globu czyni prawdziwą.

Postęp techniki na nowe lepsze
Niszczy przyrodę psuje powietrze
I czarne kładzie nam scenariusze
Osłabia ciało wrażliwość i duszę.

Szczęście

Co nazwać szczęściem?
Ludzkie pragnienia
Pieniądze sławę zaszczyty zdrowie
Kto się wypowie?

Szczęście bez miary i ograniczeń
W imię pokoju prawa radości
Na fundamentach solidnych stojąc
Spraw często małych i codzienności.

Z biegiem czasu

Tak bardzo łatwo jest się pokusić
Żeby zwyczajnym szczęściem się zmusić
I umieć szczęście z innym dzielić
I nie narzekać a się weselić.

Stworzyć fabryki na wielką skalę
I produkować szczęście seryjnie
A w zależności od potrzeb ludzi
W szczęściu zasypiać szczęśliwie budzić.

Szczęście codziennie w lutym i maju
Ci co je mają niech rozsiewają
Ziarenka takie na żyzną glebę
Uczucie szczęścia i radość dają.

Czekam na ciebie przybywaj szczęście
Byś jak najszybciej nam się spełniło
W tej oto chwili teraz i tutaj
Będzie nam razem uroczo i miło.

Kim być?

Żeby tak mogło być
Ot tak po prostu wybrać
Kim mógłbym być
Jak wyjść z tej opresji?
A tyle jest stanowisk i profesji.

O proszę
Stanowisko prezydenta się zwolniło
I nie ma chętnych
Nikt nie chce być szefem narodu
To dużo pracy i zachodu.

Można zginąć od kuli lub zostać otruty
Codziennie zmieniać garnitur i buty
Można też trafić do więzienia
Bardzo dziękuję do zobaczenia.

A może tak kościelne śluby
Zostałbym pastorem
Nie dla mnie męczące te pozycje klęczące
I ukłony na wszystkie strony
Nie można mieć nawet jednej żony więc rezygnuję
Do tych braci grubawych nie pasuję.

Zostać lekarzem biegać z nożem
Skaleczyć się możesz
Ktoś przypadkowo umrze na stole
Odpowiedzialna praca i niewielka płaca.

Stało się został merem uwielbia afery
Podpisuje jakieś papiery
Słuchają go wciska im bajery
Czas pracy nieokreślony
Zmienia żony i zdanie
Czasem gnębią go we śnie demony
I śnią mu się piękne panie
To drugie to niech już zostanie.

Okup i porwany

Dla okupu porwali dziada
Podobno był bardzo bogaty
W ogóle to nie chciał z nimi gadać
Choć okropnie był kiedyś pyskaty.

Wolał umrzeć niż zapłacić grosze

Z biegiem czasu

Nie chciał podać numeru konta
Ale kręcił uparcie głową
Udając że jest niemową.

Wkurzyli się otruli nieszczęśnika
Stracił kożuch koszule i buty
Nie podał konta dlatego
Bo to konto to było nie jego.

Gang się wkurzył to była pomyłka
Nie o tego tam chodziło osiłka
A szefowi aż pęka głowa
Bo ten gość to był niemowa.

Tak to bywa gdy czas upływa

Życie się toczy a czas upływa
Włosy bieleją a sił ubywa
Było się orłem a jest się gęsią
Nos się wydłuża ręce się trzęsą.

Schylam się długo by zapiąć buty
W karku zgrzytnęło skręciło szyję
Muszę uważać robić to wolno
Zatańczę z losem uderzę nosem.

Klina bym wypił ba biorę prochy
Nawet nie próbuj kolego drogi
Nim zdążysz krzyknąć możesz się zatkać
We dwie minuty proste masz nogi.

Zrobiłeś dziesięć kroków za szybko
I przystaneczek pocisz się rybko
Nie wychodź z domu chłodno na dworze

Bo płuca może zamrozić mrozek.

Teraz powolny a kiedyś bystry
W głowie aż huczy i dziwne iskry
Ciężko z sedesa jest podnieść pupę
A co dopiero gotować zupę.

W nocy cię diabli niosą w otchłanie
I głośno wrzeszczą zgrzeszyłeś panie
I do gorącej wrzucają smoły
To nie jest śmieszne bądź tu wesoły.

Gdy w tyłek parzy i w oczy smali
A w pomieszczeniu milion robali
Wrzeszczę jak wariat mokra poduszka
Żona mnie nogą zepchnęła z łóżka.

    Spać mi nie dajesz ty śmieszny starcze
    I chce się płakać jak na to patrzę
Jakie mam wyjście buch na podłogę
Straszne nieszczęście złamałem nogę
I zrozumiałem to takie proste
Dom opuściłem mieszkam pod mostem.

Dużo tu ciuchów i jakieś puszki
Oparty o dwie duże poduszki
I nie sprzeciwiam się już naturze
Lecz nic dobrego sobie nie wróżę.

Brakuje powietrza
Nieraz się duszę
Co tu narzekać
Już nic nie muszę.

Z biegiem czasu

Słońce

Nastaje zima dzień coraz krótszy
Słońce udaje się na wakacje
Żeby odpocząć po ciężkiej pracy
Żaru gorąca zmniejsza wibrację.

W okresie letnim się wysilało
Wysłało ciepła na ziemię krocie
Żebyśmy byli zadowoleni
I opaleni w słonecznym złocie.

Bo słońce bardzo uwielbia ziemię
A daje liczne tego przykłady
I choćbyś starał się jak najwięcej
To bez słoneczka nic nie poradzisz.

Planeta ziemia to siostra słońca
Więc nie żałuje ziemi promieni
Słońce się kocha w ziemi naturze
Jest przyjacielem wszelkiej zieleni.

Śnieżek przyprószy i mrozek zmrozi
Kilka miesięcy słońce odpocznie
Ale z nastaniem uroczej wiosny
Wyśle ciepełko pomocne wiośnie.

Żyjące drzewo

Olbrzymie drzewo smukłe konary
Gałęzie ślą się w prawo i w lewo
Dużo widziało przeżyło wiele
Szarpane wichrem rozgrzane słońcem
I oblegane przez dzikie ptaki

Tworzy historię nazwaną życiem
Dając istnienia prawdziwe znaki.

Wiele pokoleń ptactwa małego
W maleńkiej budce się tu wykluło
W otwarte dzióbki ptaszęcych gardeł
Ziaren od mamy się pomieściło.

Na dole drzewa budka przybita
Gospodarz wrzuca ziarenka zboża
Starczy dla wszystkich wróbelka szpaka
To jadłodajnia nie byle jaka.

A i jedzenie tu różnorakie
I wiewióreczka z wizytą wpada
Kromeczki chleba maleńka pajda
Gryzie ząbkami rusza łapkami
Śmiesznie puszystym ogonkiem majta.

Gdzieś w zagłębieniu między konary
Buduje siatki pajączek stary
Można go poznać po dziwnych ruchach
Z nadzieją że w sidła złapie się mucha.

Wiatr delikatnie liśćmi szeleszcze
Promienie słońca malują skrzętnie
A na tle nieba i krajobrazu
Wygląda świeżo przejrzyście pięknie.

Święta Bożego Narodzenia

Tyle radości z okazji świąt
Aż trudno pojąc w ludzkim umyśle
Marzeń i dążeń starań zabiegań

Z biegiem czasu

Wyczekiwania na Boga przyjście.
Już dwa tysiące lat i dziewiętnaście
Jezus obchodzi dziś urodziny
To dzień tak ważny dla wszystkich chrześcijan
I świat się cieszy a w nim rodziny.

Wieczór wigilijny aż dech zapiera
Oczekiwanie smyk klocki zbiera
Mamusia karpia za ogon trzyma
Tatuś się stara grzeczny nie zżyma.

Dziadek na boso zapomniał kapci
W kuferku schował prezent dla babci
Białym obrusem nakryte stoły
Jezus przybędzie każdy wesoły
Czasem wstydliwy wypiek na twarzy
Z tej to okazji może się przydarzyć.

A dziadek żwawy i babciu bystra
Dziś przylecieli na ptasich skrzydłach
Bardzo ciekawi jak wnuczki rosną
I dumnie patrzą na swoje dzieci
Z niedowierzaniem że czas tak leci.

A więc do dzieła moi kochani
Najpierw podzielmy święty chleb boży
Biały opłatek boski i czysty
W ten dzień świąteczny i uroczysty.

Życzenia cmoki niskie ukłony
Uśmiech do babci wujka i żony
I dużo zdrowia i pomyślności
Niech w naszych sercach na zawsze gości.

Spróbujmy śledzia wujek powiedział
Jest niezły z beczki i bez ogona
Dziś bigos postny bo bez udziaka
Buraczki smaczne że lizać palce
A kluski z makiem że niebo w gębie
Tylko orzechów zabrakło w sklepie
Można je urwać ale na dębie.

Choinka błyska gwiazdeczka świeci
Mikołaj przybył obdzielił dzieci
Czas na pasterkę już jedenasta
Kościółek blisko w środeczku miasta
Wszyscy biegniemy powitać dziecię
To nic że mrozek to zima przecie
Razem ochoczo to Bozia woła.

To jest nasz kościół piękny przyjazny
I drzwi otwarte wianuszek wisi
O i znajomi mąż pani Krysi
Kolega z pracy z biura szpitala
Z Europy Polski i Ukrainy
Bo emigracja łączy rodziny
I bywa różnie że z przyjaciółmi
Przez długie lata się nie widzimy.

Sekundy ciszy zabrzmiały dzwony
Głośno odważnie na świata strony
Organy dźwięcznie zagrały w środku
I chór kościelny pieśnią na górze
Dziś Jezus przybył w ludzkiej naturze.

To z piersi chrześcijan śpiew ten wychodzi
Śpiewają wszyscy starsi i młodzi

Z biegiem czasu

Bo właśnie dzisiaj Bóg się narodził
I moc truchleje a ogień krzepnie
I blask ciemnieje a Bóg nieśmiertelny
Jak przed wiekami zostanie z nami.

W szopce zwierzęta i Panna Święta
Maleńkie dziecko do piersi tuli
Gwiazda oświetla jasnością chwili
Pasterze witać dziecię przybyli.

Jezus maluśki mruży powieczki
Błogo spogląda jak płoną świeczki
A Święty Józef dziękując Bogu
Wita przybyłych ludzi na progu
A chór Aniołów Świętych w powietrzu
Śpiewają głośno o Świętym Bogu.

Jak okiem sięgnąć tysiące ludzi
Modlitwą szczerą jutrzenkę budzi
Nasz pastor buzię ma uśmiechniętą
Z radością dzieli Komunię Świętą.

Tak to prawdziwe to dziś się dzieje
Z przyjściem Jezusa nowe nadzieje
To się spełniło z Bogiem się uda
Bo Bóg jest dobry i czyni cuda.

Bilety do spiżarni

Spiżarnia nowa i wykończona
Dobrze zaopatrzona we wszystko
Nie dla wszystkich dostępna niestety
Obowiązują do niej bilety.

Ale co tu jest naprawdę grane?
Obywatele to zwykły szwindel
To zbudowane przez ręce nasze
Coś oni kręcą wstrętni judasze.

Biletów dziesięć a miejsc jest trzysta
To zwykły przekręt sprawa nieczysta
I cała prawda na dzienne światło
Dwieście dziewięćdziesiąt biletów zabrakło.

Wielkie otwarcie dziesięciu panów
Weszło do spichrza całkiem legalnie
Wszystko darmowe i oficjalne
I odznaczenie są honorowe.

Nie przewidzieli jednego dranie
Spiżarnia stała tuż przy wulkanie
I dziesięć stopni w skali Richtera
Być odznaczonym i tak umierać.

Ewolucja humana

Człowiek pochodzi od małpy
Może o tym nawet nie wie
Nie jest nigdzie napisane
Że urodził się na drzewie
Ale że w małpiej rodzinie
To bardzo prawdopodobne
Bo to co człowiek często robi
Bardzo jest do małpy podobne.

Była to liczna małpia rodzina
Dzieci małpek dziewięcioro
Ale jeden ten dziesiąty

I zastrzeżeń było sporo.

Dnia pewnego ten dziesiąty
Przegiął pałę i kokosem
Rzucił z drzewa w matkę małpę
A ojca uderzył wiosłem.

Rodzina nie wytrzymała
Dość już dziesiątego miała
Nic nie mówiąc po kryjomu
Wyrzucili małpę z domu
I dziesiąty ruszył w świat
Dowcipkował mącił kradł.

Wreszcie okradł czarownika
Ten w zemście przy użyciu laski
Tak mocno sprał małpiszona
Że klękał i prosił łaski.

To jest cała ewolucja
Człowiek się po głowie drapie
Chlapnie ćwiartkę na głodnego
I wracają mu cechy małpie.

Wybredny

Być smakoszem bardzo proszę
Ale nigdy nie wybrednym
Nic takiemu nie pasuje
Ten myśli tylko o jednym.

Przykładowo pieczarkowa
Ktoś namęczył się gotował
Ten kapeczkę posmakował

I godzinę wymiotował
Przesolona ponoć była
I zatkało krokodyla.

A jak przymierzał ubranie
Co on nie wydziwiał panie
A to guzik nie w tą stronę
I pogięta jest podszewka
Nie dogodzi się takiemu
Każdym razem nowa śpiewka.

Wreszcie na nim się poznano
I zrobiono mu lewatywę
Teraz wszystko mu pasuje
Mucha w zupie komar w piwie
Nie myśli teraz o jednym
I nie jest już panem wrednym.

Według wzoru

Trudno być wzorem świecić przykładem
Czy to się uda za każdym razem?
Różne są sprawy inne poglądy
Teoretycznie wszystko jest fajnie
Ale praktycznie to według wzorca
Jakiegoś dzieła czy mądrej księgi
To żyć się nie da bardzo wzorowo
To niebezpieczne i pełne błędów
Na twarzy uśmiech ktoś kręci głową.

Grzech pierworodny obowiązuje
Nawet takiego co nie rozumie
Co się pięć minut temu urodził
Być bohaterem walczyć na wojnie

Z biegiem czasu

Prowadzić bardzo spokojne życie
Lub niewolnikiem czy samotnikiem
Życie jest jednak dużym ryzykiem
Być wzorem na tym świecie się nie da
I stąd ta bieda.

Marzenia kwiatka

Tak bardzo chciał być pięknym kwiatem
Pachnieć na wietrze w ogródku latem
Słuchać jak ptaszki śpiewają pięknie
I być kochanym i podlewanym
Dwa razy dziennie wodą źródlaną
I czuć się błogo miło przyjemnie.

Ale niestety tak się nie stało
Został pokrzywą zieloną brzydką
Kto się jej dotknie poparzyć może
Rośnie przy płocie i przy oborze.

Tak brzydko pachnie nikt jej nie lubi
Nawet ją żaba wstrętna omija
Taka pokrzywa brzydka niczyja
Ale jest jednak rośliną żywą
Spróbuj języczek sparzyć pokrzywą.

Rozumować

Mądrość rozum i powaga
To życie od nas wymaga
Zawarta w ja moim
Nie znaczy że jesteśmy mądrzejsi od innych
Nie zawsze zostaje na twoim.

Żeby w życiu się odnaleźć
To nie musisz być uczony
Tylko rozwijać talenty
Do których zostałeś stworzony.

Przechodząc życia etapy
Studiując kolejne mapy
Zostałeś astronautą politykiem
Lubisz sport pływanie rugby
Taniec jogę i muzykę.

Myśleć trzeba nie jest dość
A najlepiej obiektywnie
Wtedy wszystko będzie prostsze
I złożone pozytywnie.

Kwiaty płaczą

Nadeszła wiosna
W trawie zielonej kwiatuszki wiotkie
Puszczają drobne ogniste pąki
Różnych rodzajów niewymiarowe
Pulchne kwiatuszków główki mieniące
Patrzą odważnie na wielkie słońce
Wchłaniając ciepło roślinki bose
Witają ranną deszczową rosę.

Minęła wiosna nastało lato
Główki kwieciste wydoroślały
Małe ziarenka wokół rozsiały
Trawy urosły i sianokosy
Rumor na łące brzęczące kosy
Z zieloną trawą padają kwiatki
Giną dlaczego po co i za co

Z biegiem czasu

Czy wtedy płaczą?

Podłość

Czy podłość ludzka ma granice
Jaka jest miara okrutnych racji
Stworzyć okropność to jest tragedią
Czy to możliwe jak to wybaczyć?

Żyć w ciągłym kłamstwie i dobrobycie
Na krwi przelanej pokoleń naszych
Zniszczyć krainę niewinnych istot
Ich ziemię ojców matek i braci.

Obrócić w gruzy miasta kościoły
Szpitale wioski centra i szkoły
I wykorzystać w imię mamony
Wydać niewinnych na krzyż znaczony.

Wielu dziwaków to słudzy kogoś
Władza szatańska ich opętała
To są nie ludzie to pasożyty
Przeżarci pychą i hipokryci.

Niszczyć człowieka w imię szatana
Wyrywać serca i krwią się poić
Przybijać bliźnich gwoździem do krzyża
I w imię bestii sobie ubliżać.

Świat nie zapomni krwawych wydarzeń
I bomb rzucanych na lud bezbronny
Tysiące dzieci z domów wygnanych
Trupów na gruzach porozrzucanych.

Piękne nogi bolą

Dlaczego nogi bolą?
Może na skutek podskoków
Szybkich kroków ciasnych bucików
A może od chodzenia po rosie boso
Nogi płaczą skarżą się ale niosą.

Tereska krząta się po domu
Wykorzystuje swoje smukłe nóżki
Piecze placuszki serniczki kotlety
Nóżki odgrywają wielką rolę niestety.

Czyni przy tym ukłony w lewo i w prawo
Zgina często kolana
Krok do przodu i dwa do tyłu
Nieraz tak bardzo się stara
Że spod stóp aż bucha para
Prawą nóżką naciska Tereska
Na pedał gazu w Toyocie Corolli
Ale ją nóżka wtedy nie boli.

Cudze

Cudze słowa hymnu na ustach mam
Choć znaczenia ich nie rozumiem
A dlaczego tak się dzieje nie wiem sam
I wytłumaczyć tego nie umiem.

Nie wszyscy tak do końca z tego sobie sprawę zdają
Domyślają się sami siebie się pytają
Dlaczego z własnej woli udali się na jakieś tam odludzie
I w którą stronę czy w lepszą czas im pójdzie.

Z biegiem czasu

Gorycze w sercach i niepewność jutra
Pozostał żal po stracie Ojczyzny
Smutne miny na buziach i poranki
Start do pracy z ulicznej łapanki.

Czy aby szczęśliwy jesteś w nowym kraju?
Gdzie teoria z praktyką nie jest w parze
Po całodniowej harówie na budowie
Zamulony się kiwasz gdzieś w barze.

A w twoim kraju zostali ci rządzący
Portfele pełne z nietykalnością świętą
Startują z jakichś kupionych list wyborczych
Do kochłozowego parlamentu.

Te głowy puste ale uniesione w górę
Trudno uwierzyć brak prawdy
Pogarszającą się niską kulturę
Kroczycie pychą przepełnieni dzielnie
Brzuszyska w przód a pyski jak patelnie.

Domyślacie się o których tu mowa jest powyżej
Co twierdzą że do nieba mają bliżej
I choćbyś bronił się to trzęsawka się udziela
To wstyd i hańba wokół beznadzieja.

Nadzieje że się zmieni kiedyś na lepsze
Są nikłe dopóki będą rządzić w najlepsze
A normalności tylko można pozazdrościć
Więc może lepiej tyrać na obczyźnie
Niżeli w rodzinnym kraju pościć.

Ale mina

Miał być normalny choć przez godzinę
Wtedy się stało nadepnął na minę
A jaki powód? Jest na to dowód
Do zabijania zrobił maszynę.

Można tu różnie z prawdą się mijać
O tak bez przyczyn kogoś zabijać
Z powodu ciebie znaleźć się w niebie
Ale z różnicą zabić nie siebie.

A o pomyłki teraz nietrudno
Spierać się można o byle co
I iść do przodu ciągle w zaparte
W rzeczywistości to nic nie warte.

Jak przewieźć coś to i uzbrojone
To duży problem i koszty przecie
O trzeciej w nocy wpadł na pomysła
Coś to umieścił w drogiej rakiecie.

Któż by przewidział takiego pecha
A coś takiego w tej akcji drzemie
Po linii prostej śmigła rakieta
I spadła z hukiem na własną ziemię.

To nie przelewki i źle się stało
Coś to choć gęste lecz się rozlało
I się uczony nadział na miny
Gościa skrobali aż trzy godziny.

Były pochwały ale nie przebrnął
Już się z pomysła nie wykaraskał

Choć odznaczony został medalem
Został wandalem.

Wyciućkany

Wyrzucili dyrygenta
Uznano że się dorobił
On to im już zapamięta
Nie dość że zmienili mu maskę
To wysłali na Alaskę.

Co ten tam robi na Alasce?
W noce widne i dni mroźne
W prawej ręce dzierży laskę
I dyryguje pobożnie.

Cud to że się w porę kapnęli
I coś z tego zrozumieli
Od orkiestry odsunęli
Stało się bo tak wypadło
Cudem nie wszystko przepadło.

Przepadł sukces i kapucha
Misio w wodzie a wiatr dmucha
Brak radości po popisie
Żegnaj droga partio Zwisie.

Polityczne zapachy

Zapachniało politycznie
Jeszcze mocniej niż do tej pory
A chodzi tu tak naprawdę
Zbliżają się nowe wybory.

Kogo wybrać jak głosować
Opcji niestety tak wiele
Poprzeć Zwisa czy Katornę
Czy Środowisko Upiorne.

Nie głosować nie wypada
Cóż więc czynić w takim razie
Najlepiej wybrać świętego
Na wiszącym ściennym obrazie.

Dobry wybór o to chodzi
Taki to już nie zaszkodzi
A pomoże proszę ciebie
I masz znajomości w niebie.

Dobry pomysł

Powziąłem pewne decyzje
Już więcej czekać nie będę
Postanowiłem to sobie
Dzisiaj się biedy pozbędę.

Wiadomo że za darmo nikt nie da
Po co komu taka bieda
I takie głupawe czasy
Niech znika w odległe lasy.

W tym celu zmieniłem zamki
Wymieniłem w pokojach klamki
Wyrzuciłem wszystko na złom
Słowem został pusty dom.

Nie mogę do tego dopuścić
I biedy z powrotem wpuścić

Z biegiem czasu

Nie będzie jak było dotąd
Miałem jej zawsze potąd.

Od teraz nie mam przerąbane
Nie budzę się zlany potem
Cieszę się że jutro niedziela
Dzień święty niech bieda sp...

O co?

O co tak w życiu gramy
O forsę odpoczynek czy żarcie
Skąd otrzymujemy siły
Walczymy o coś uparcie.

Czego się można nauczyć
Pokonać pewne nawyki
Wybrać się w podróż na księżyc
Polecieć do Ameryki.

Ale do kogo i kiedy
I za co z powodu biedy
Gdzieś na daleką prerię
I czynić jakoweś brewerie.

A może jednak korzystniej
Poczekać i żeby nie podpaść
Włamać się do własnego domu
Samego siebie okraść.

I mieć znajomości w sądzie
Odpalić jakąś forsę
Nie płakać w głowę zachodzić
I drugi raz się urodzić.

Bez rozgrzeszenia

Strach umierać bez rozgrzeszenia
Gdy pełno grzechów jest w mózgu
Z oczami pełnymi łez
Z przykrytą na głowie poduszką.

Ktoś stwierdził że biała dama
To wcale się z gościem nie chrzani
Uśmiecha się i wita
I nigdy o zgodę nie pyta.

A grzech jest częścią duszy
Niemiły ciężki typowy
Pani odcina powietrze
I ma kolega z głowy.

Umierać się nie opłaci
A robić to trzeba umieć
Odwalić całą robotę
By potem beztrosko umrzeć.

Taki jeden co nie chciał umrzeć
A czuł się już bardzo słabo
On zamiast prosić o zdrowie
Oglądał się za babą.

W ostatnich momentach życia
Każdy ma swoje zachcianki
Pojeść i popić dobrze
W wannie na łóżku na kołdrze
I nie ma się tu co dziwić
Że ktoś chce sobie zrobić dobrze.

Z biegiem czasu

Być albo nie być

Teraz jestem nie zaprzeczę
Żywy chodzę śpiewam kucam
Oddychając pełną piersią
Powietrze na płuca wrzucam.

Rano dziś się obudziłem
Zdaje mi się że wczoraj też byłem
Nawet dłużej bo rok temu
Nie widzę żadnego problemu.

Nasuwa się myśl też smutna
Nadzieja czy doczekam jutra
Czeka mnie kolejny krok
W mgnieniu oka minie rok.

Kto wie może nadejdą deszcze
Pojawią się żarłoczne kleszcze
Wstrząsy nastąpią etniczne
Zdrowotne stany krytyczne.

Życie zwykle to niewiadoma
Praca powroty do chaty
Codzienna krzątanina domowa
Od wypłaty do wypłaty.

To nic że jesteśmy dziwni
Czasami tak bardzo naiwni
Zdani na losy własne
I myślenie często ciasne.

Głupsi

Głupi ludzie żyją dłużej
Chociaż często mądrych udają
Wcale im to nie przeszkadza
I nawet dobrze się mają.

Kto by i pomyślał zawdy
Ile jest w głupocie prawdy
Stąd te znaki zapytania
Domysły i dociekania.

Głupol ma myślenie inne
Ktoś pomyśli geny winne
Czyja to jest robota
A skąd się bierze głupota?

Może z boku ktoś zapyta
Głupota w trakcie nabyta
Z przyczyn niezależnych od nas samych
Tak poukładane mamy.

Wydaje się

Nam się wydaje że jesteśmy niezależni
Posiadamy rozum pieniądze i sławę
Ale jak tak pomyśleć logicznie
To tylko teoretycznie.

Jesteś znanym i lubianym aktorem
Wczoraj zdrowy dzisiaj serce masz chore
Zbuntowały się płuca i nerki
Nadszedł czas głębokiej rozterki.

Z biegiem czasu

Cóż teraz uczynisz królu na bogatym dworze
Liczysz na kogoś kto wysłucha i pomoże
Zapłacisz za modlitwy za siebie w kościele
Kupisz wszystkie święta i niedziele.

Niestety nie stało się jak chciałeś
Płomienne nadzieje prysły
Biała pani odwiedziła twój dom
Stwierdzając że nadajesz się na złom.

Zniknął uśmiech i poczucie humoru
Oddech pański się zrobił świszczący
Pan padł na ziemię na dworze
Już znachor najlepszy nie pomoże.

Wkurzyć się

Można się wkurzać na ciągłe deszcze
Dokąd to będzie tak padać jeszcze
Gdzieś w przestrzeni tlen się skrapla
I dlatego się tak papla.

Ze studni się woda wylewa
Sięga aż po konary drzew
Parno duszno nieciekawie
Cichnie leśnych ptaków śpiew.

Jak tak dalej będzie lało
To kosmos nagle wystygnie
Ziemia nie udźwignie wody
I powstaną niezłe lody.

Testy

Trzeba być durnym do reszty
Nabrać się na takie testy
Zrobić z mądrego idiotę
A zastanawiać się potem.

A co potem to wiadomo
Udziela się takiemu kredyty
Pakuje się gościa w długi
I w samych kłopotów strugi.

A na końcowym już teście
Gość wylądował w areszcie
I tam otrzymał szczepionkę
Umarł z podniesionym członkiem.

Majątek poszedł pod młotek
Ktoś zarobił a kto stracił
Gościu wylądował w trumnie
Nie narzeka bo nie umie.

Nigdy nie poderwie laski
Nikt już mu nie zrobi łaski
Godząc się na takie testy
Spokój osiągnął bez reszty.

Uwaga

Świat wszedł w problemy niemałe
Znane mocarstwo przegina pałę
Próbuje zakłócić spokój
Stąd nieporządek i ten niepokój
Teraz wygląda to nieciekawie

Z biegiem czasu

A przyglądając się wydarzeniom
To poczynania niemądre zbrojne
Wróżą niechybnie piekielną wojnę.

Mnóstwo jest pytań bez odpowiedzi
A niech to wszystko porwie licho
Jedno jest pewne wybuchnie wojna
Po niej nastąpi dziwnie i cicho.

Urzędy

Od zamierzchłych czasów
Powstają na świecie urzędy
A wiadomo wszystkim waści
Urzędy są różnej maści.

Przyglądając się tej sprawie
Nie da się nie zauważyć
Widzimy potężne budowle
Pod niebo sięgające groźnie.

Wielkie piętrowe molochy
Obok siebie i naprzeciwko
Spróbuj zajrzeć do środeczka
Osiągniesz ogromne zdziwko.

Wewnątrz luksus szklane szafy
Kwiaty palmy lwy żyrafy
Co niektórzy na golasa
W takich to żyjemy czasach.

Zgodnie ze stopą wzrostu
Urząd nie obchodzi postów
Nie przestrzega się tam diety

Taka jest prawda niestety.

Jeszcze jedno by nadmienić
Nie potrafisz tego zmienić
Uczyni to czas nierychło
Z tego względu jest mi przykro.

Dlaczego?

Dlaczego jesteśmy tacy inni
Niekonsekwentni nieuprzejmi
Udajemy że wiemy wszystko
Uważamy że jesteśmy tacy dzielni.

A czas płynie jakby z bicza strzelił
W dniu powszednim i przy niedzieli
Odchodzimy ze sceny życia
Gorzka prawda nie do ukrycia.

Tacy udziałowcy strasznych wojen
Postrzegani jako bohaterzy
Lecz gdy pomyśli się tak po ludzku
To zwyczajni beznadziejni frajerzy.

Bratnie wojny prowadzone przez wieki
Beznadziejne niepotrzebne tragiczne
A tak naprawdę to nie wiadomo po co
Ciągnące się spory polityczne.

Śliczny ogródek Ani

Piszę o tym z wysokich pobudek
Ujrzałem u Ani ogródek
I rąbnęło mnie olśnienie

Z biegiem czasu

Tak zwyczajnie w oka mgnienie.
Rozglądając się na strony
Białych pączków kwiatki rzewne
Pozdrawiają Panią Anię
To jest w stu procentach pewne.

Ania przygląda się kwiatom
Jest ich wielbicielką matką
Podlewając je konewką
Delektując się przyśpiewką
    Ach moje czerwone piękne róże
    Otwierajcie kraśne buzie
    Świeżą wodą was uraszam
    Do wspólnej zabawy zapraszam.

Tak w rzeczywistości bywa
Świnka całkiem jak prawdziwa
Z ranka swoją panią wita
I o zdróweczko pyta.

Po ogródku biega piesek
Chcesz wejść to radzę zapytać
Bo można stracić nogawki
I nabyć się ostrej czkawki.

Czy znasz się?

Czy znasz się dobrze jak kieszeń własną
W której ukryłeś złote monety?
Ale być może nie całkowicie
Nigdy nikt nie zrozumie co to jest życie.

A co o sobie żem wiedzieć powinien

Sobie czy komu jestem coś winien
Żyję i cierpię sam siebie łaję
Tak jest naprawdę czy się wydaje.

Może jest we mnie wiele fantazji
Chwile radości z różnych okazji
Które zdarzają się mimo woli
A gorzka prawda często zaboli.

Sam siebie dzisiaj awansowałem
Wiem że nagroda należy mi się
Więc się wysławię w pochwalnym liście
Przypnę medale też oczywiście.

I nie obchodzi mnie otoczenie
Ja decyduje idę za ciosem
Stworzyłem swoje własne myślenie
Bo nie obchodzi mnie jakieś piekło
O tak zwyczajnie bujam w obłokach
Mnie nie dotyczy czasowa zwłoka.

Niech ktoś mi powie że jestem leń
Że zamiast w nocy przesypiam dzień
Dla mnie to wcale nie takie ważne
To jest normalne bardzo poważne.

Dziękuję Bogu że żyję

Dzisiaj 23 lipca 2019 r. trzecia rocznica cudu
Kosztowało mnie to wiele trudu
Moje życie 23 lipca 2015 wisiało na włosku
Wspominam rzetelnie i prawdziwie po polsku.

Kiedy doktor Meer powiedział mi prawdę

Z biegiem czasu

Staś twoje serce przestaje łomotać
Pewnie niebo się o ciebie upomina
Chyba nieźle musiałeś podpaść.

Zrozumiałem że bardzo źle jest ze mną
Zawał serca jestem tak bardzo słaby
Dziwnie się czuję tchu braknie
Pewnie to są chwile moje ostatnie.

Pomyślałem Boże nie teraz
Dlaczego mam dzisiaj umierać?
Ja chcę żyć i tworzyć muszę
Więc ratuj Boże mnie i moją duszę.

Nie zostawię żony Tereski samej
I kochanej córeczki Joasi
Klaudi Kai Tomaszka Darusia i Dominika
Muszę spotkać się z nimi we święta
I zanucić wspólnie kolędę
Podzielić się białym opłatkiem
Z Mikołajem porozmawiać o prezentach
Chciałbym rodzinnie spędzić te święta.

Tak więc leżąc na szpitalnym wyrze
Sam ze sobą i sumieniem się gryzę
Niestety duch opuścił moje ciało
Stało się bez mojej zgody nie fajowo
Poczułem się dziwnie i ugodowo.

Widziałem z góry rozpaczliwe starania
Lekarzy pielęgniarek i wielu osób
Ostrą walkę o życie moje
Że opisać wszystkiego nie sposób.

Nic nie mogłem zrobić byłem na górze
Widziałem Tereskę żonę stojącą przy łóżku
I córeczkę Joasię taty pisarskiego edytora
Pomyślałem spoko nie martw się Stasiu
Miłosierny Bóg ci dopomoże
Trzymaj się walcz to jeszcze nie twoja pora.

A co wtedy myślowo robiłem
Prosiłem prosiłem prosiłem prosiłem
Nie widziałem nikogo i do kogo mówiłem
Ale czułem coś boskiego i ciepło z bliska
Hej duszku daj szansę dla Pyska
Proszę zabierzcie te bolesne katusze
Litości błagam ja wrócić do ciała muszę.

Nagle usłyszałem słowa serdecznego głosu
    Wracamy tobie Pysek życie tak po prostu
    Lecz zastrzegamy przy tym i po pierwsze
    Szanuj zdrowie twórz fraszeczki i wiersze.

I wtedy w tym momencie się obudziłem
Pomyślałem żyję dzięki Ci mój Święty Boże
Bo tylko wiara w Boga czyni cuda
Kto wierzy w Boga wszystko w życiu mu się uda.

Nikt nie przewidzi a los często figle płata
Dzięki Bogu żyje już cztery lata
A co dalej się stanie ze mną to nie wiem
Liczę że dociągnę do 99.

Kogo nie boli

Kogo nie boli ten nie zrozumie
Samej istoty walczących sumień

Z biegiem czasu

Prawdy co w duszach naszych ukryta
Niezrozumiała niesamowita.
Zmagania z życiem zatarte ślady
Czasu przeszłego co już nie wróci
Co wyobraźnię naszą przerasta
I gdzieś zanika w nicość urasta.

Cóż mamy czynić jak reagować
By wytrwać w prawdzie bóle oszukać
Być sprawiedliwym i nie zawodzić
Może się po raz wtóry urodzić.

Nie ma i nie będzie

Nie było początku nie będzie końca
Tak jak miłości czy nienawiści
Wiatru co wieje w jednym kierunku
Drzew pozbawionych zwyczajnych liści.

Ciemność i jasność jest wyobraźnią
To co czujemy zawiera program
Człowiek o niczym nie decyduje
Coś już zbuduje to rujnuje.

Tak na przestrzeni minionych wieków
Człowiek bakteria głupcem nazwanym
W programie z góry zaplanowanym
Czuje że że został po coś wybranym.

Lecz nie rozumie dlaczego i po co
Włosy bieleją ręce się pocą
Mgła ze zmęczenia oczy przysłania
Znaki zakazu i zapytania.

A tak doprawdy poza nawiasem
Ta gra życiowa to walka z czasem
Która przemija przebrzmiałym echem
Wraz ze starością tak na pociechę.

Cóż pozostaje nam twardzielom
A żeby sprostać życiowym celom
Dobro od złego umieć odróżnić
W czasie się zmieścić by się wypróżnić.

Dobić szczęśliwie targu

Pod pewnym względem świat się rozwija
By to zrozumieć to trzeba przeżyć
Doświadczyć tego na własnej skórze
Ślepo we wszystko jednak nie wierzyć.

Wziąć pod uwagę chociażby szczęście
Wielkie bogactwa sławę przepychy
Wszystko oparte jest na wyzysku
Pałac fortuna czy stanowisko.

A zastanowić się trzeba nad tym
Że być szczęśliwym to być bogatym
Nadętym gburem bez miary chciwym
A może jednak skromnym uczciwym.

Z małym ogródkiem na wsi czy w mieście
Zadbać o miłość rodzinne szczęście
W życiu jest zawsze pięknie i miło
Nagłe nieszczęście się pojawiło.

Czysty przypadek nagły wypadek

Z biegiem czasu

Zima nadeszła mrozem ścisnęło
Zachorowałeś na leki nie stać
Więc podejmujesz walkę o dzieło
Żyć trzeba dalej nie możesz przestać.

Emerytury tylko ochłapy
Fiskus ograbił twoje siedlisko
Ktoś w imię prawa oszukał starca
Ten stracił wszystko.

Bądź więc szczęśliwy dumy
Nie stać na chleb i gwoździe do trumny
Drogo kosztuje święcona woda
Któż pożałuje kto rękę poda?

Szczęście w nieszczęściu los mu dokopał
Umarł szczęśliwy przytomnie z szeptem
Lecz żeby kruki go nie rozszarpały
Sam się do ziemi zakopał przedtem.

Teraz gdy właśnie osiągnął niebo
I sprawiedliwie wykonał pracę
Ale do siebie rości pretensję
Że w życiu sporo dawał na tacę.

Pogubić się

Czy pogubić się to jest fajnie?
Ot tak po prostu zwyczajnie
Co tam niech się martwi ktoś
Nie ja a jakiś tam gość.

A los bywa też przebiegły
Do mojego mieszkania wbiegły

Śliczne panie z magistratu
Bo nie zapłaciłem vatu.

Nie powiem bo obleciał mnie strach
W moim sejfie same drobne
Nie starczy nawet na watę
Do niczego to wszystko podobne.

I zaczęły się przeboje
Wszystko co w środku nie jest już moje
Telewizor szafa inwalidzkie kule
Wspominam o tym z głębokim bólem
Pozostała się jeno huśtawka
I ogromna w gardle czkawka.

Od tej pory to tylko udaję że żyję
Nie jem nie śpię tylko wyję
Nawet jak księżyca nie ma
Zaczynam jak się przyciemnia.

A pogubić się teraz nietrudno
Takie czasy nie przelewki
Co z człowiekiem zrobi sitwa
Ostała się tępa brzytwa.

Zuch

Kiedyś taki młody zuch
Przypadkiem podsłuchał swój słuch
I usłyszał coś takiego
Co nie należało do niego
A chodziło tu o mamonę
Takie papiery zielone
Jak wspomina zwyczaj stary

Z biegiem czasu

Nazywa się tak dolary.

Zuch robił nie lada miny
Słuchał siebie aż trzy godziny
W nadziei wielkiego zysku
Wielkiej gotówki z odzysku
Więc wysłał telegram do siebie
I skoczył z mostu do rzeki
Z nadzieją że spotka się w niebie.

Ten pierwszy to był niegłupi
Bo sobie miejsce wykupił
A drugi żeby siebie nie okiwać
Nauczyć się musi pływać.

Codzienność

Codzienność beztroska
Szyta promieniami słońca
Zapisana istotom żyjącym
Ciągłym ogniem żywym palącym.

Powołani do gry zespołowej
Samotni znużeni często zagubieni
Wypełniamy wolę Boga
Na przypisanej nam Matce Ziemi.

Codzienności obfitująca w zdarzenia
Osnuta tajemnicą czasu
I pewnych nabytych doświadczeń
Upadków i częstych przebaczeń.

Codzienności zagadkowa wyniosła życiowa
Niemrawa nie jest wcale tak kolorowa

I łatwa nasze dążeniu i ideały
Prawdy żywej bardzo często zagmatwanej.

Na nic się przydadzą błagania
Modły żądania łzy wylewane rzewne
Czas pokruszy nasze zamierzenia
To jest tak najzwyklejsze i pewne.

Zastanowić się

Czy ktoś kiedyś zastanowił się nad sobą
Kim jest naprawdę co sobą reprezentuje?
Czy zasługuje na akceptację otoczenia
W życiu sprawiedliwość buduje.

Czy steruję swoim mózgiem osobiście?
Mam wgląd w poczynania swoje
Czy ktoś wpływa na moją osobowość?
Tak bardzo tego się boję.

Dlaczego pewnych spraw nie akceptuję
Czy to ja wtedy decyduję
Urodziłem się w lesie czy w lektyce
Zaprzeczam sobie we własnej krytyce.

Zdarzenie całe

Mrożące w żyłach pewne zdarzenie
Co nastąpiło tak bardzo wcześnie
Dużo w psychice kogoś zmieniło
Utkwiło w pamięci bardzo boleśnie.

Może się zdarzyć że zgaśnie światło
W pewnym kościele wody zabrakło

Z biegiem czasu

Ale tragizmu tego nie zmienia
Wody zwyczajnej do poświęcenia.

Znachor się zmartwił prośby powtarzał
Przez kilka godzin aż się postarzał
Nawiązał kontakt z biblijną stroną
Ktoś musi zdobyć wodę święconą.

Tydzień jest długi bo dni w nim siedem
Na ochotnika zgłosił się jeden
Który obiecał że prośbę spełni
Konwie w kościele wodą napełni.

Wrócił z pustyni z pełnym poidłem
Z miną zwycięzcy z pełnym podziwem
A znachor zamiast mu podziękować
To go niechcący trzasnął poidłem.

Znachor niepewnie się przy tym żachnął
Grzmoty powstały zatrząsł się klasztor
I runął w przepaść cały bez mała
Ino się woda święta została.

Znachor ocalał zgarnia gotówkę
Jedno machnięcie i mamy stówkę
Kolejna stówka krótkie ujęcie
Czy to nie grzeszne to już przegięcie.

Co jest tematu tego morałem
Gdy usłyszałem drgawek dostałem
Takim niebiosa już nie pomogą
Co to handlują święconą wodą.

Szemrania

Niektórzy szemrzą bo jest tragedia
Dym się unosi jak kłamią w mediach
Pęd do agresji ciągle narasta
Widać na co dzień na wsi i w miastach.

Gdzieś w głębi puszczy wkurzony jeleń
Ktoś pożywienie zrosił trucizną
Misio przeczytał fraszeczki Pyska
Poczuł tęsknotę za swoją ojczyzną.

A to jest prawda trzeba ją poznać
A z ubogimi zacząć się liczyć
A do wszystkiego trudno przywyknąć
Głodu tęsknoty dymu kiełbasy
Takie to teraz nastały czasy.

Dowieść

Co się wydaje a jest wiążące
My istniejemy świeci nam słońce
Wiaterek z lekka szumnie powiewa
Kwiaty kwitnące ptaszyna śpiewa.

Życie jest dziwne jak tego dowieść
Niczym nowela wątek powieści
Można by wspomnieć i o horrorze
Gdzie nasza rola w takim wyborze.

Prawda jest jedna i często boli
Warto więc wspomnieć teraz na czasie
Trzeba się starać świecić przykładem
A idealnie to czy to da się?

Z biegiem czasu

Komu?

Komu zawdzięczamy życie swoje
Rześkie poranki i gwiezdne noce
Płomienne myśli pragnienia wzloty
Poranne modły często kłopoty
Bogu żywemu w codziennej gonitwie
Matce wpatrzonej w dziecka oczęta
Ojcu co tyra na fabrycznej hali
Szczęściu co zdąża ku nam z oddali.

Komu dziękować mam teraz dzisiaj
Skoro rozumiem swoje przeznaczenie
Choć wymaganiom trudno jest sprostać
Co się pogodzi z moim sumieniem.

Pukam do serca proszę o rady
I wypatruję szczęścia z oddali
Dziękuję Bogu za to że mnie stworzył
A drogim rodzicom że mnie wychowali.

Poznać siebie

Poznać siebie samego jest warto
A najlepiej to z dobrej strony
Udało się polubiłeś siebie
Czy jesteś zadowolony?

To uczciwie przyznać muszę
Posiadłem ciało i duszę
I rozum i wolę wolną
I wiem co mi wolno a czego nie wolno.

Wolno jest kochać do woli
Chociaż czasami jest dziwno
Najlepiej to być normalnym
Wybierać więc płeć przeciwną.

A moda na czasie
To w tę i w tę
I równość i wolność płciowa
Tyle opcji że boli głowa.

Należy wyrażać się jasno
I więcej samokontroli
Zrozumieć cel naszego istnienia
A prawda się sama wyzwoli.

Ktoś powie

Kto twierdzi że Bóg nie istnieje
To znaczy że tego kogoś też nie ma
I siebie się o to samo zapyta
A prawdę w ja swoim wyczyta.

Jesteśmy choć siebie nie rozumiemy
Mamy ręce oczy serca
Może dumę zapełnioną ogniem
Tyle spraw mamy na swojej głowie.

Ktoś powie że jest uniwersalny
Poradzi sobie w każdym przypadku
Lecz nie da rady ze zwykłym czasem
Z małą kropeczką zwykłym nawiasem.

Z biegiem czasu

Skąd?
Skąd bezkarności wzięłaś początki?
Co się przez ludzkie przewijasz życie
Spraw zagmatwanych stwarzasz wątki
Trwasz nieustannie rujnując skrycie.

Ci co promują niedorzeczności
Głosząc puste hasła o sprawiedliwości
Te ich wołania i żałosne jęki
Jak strun szarpanych żałosne dźwięki.

Gdzie się zasady moralności podziały?
Hasła głoszone o równości i prawie
Poszanowania i wielkie idee
Kiedy na górze panują wodzireje.

Wielcy w krawatach i tacy w purpurze
Łamiący prawa i godność człowieka
Nieobliczalni typowi padalce
Krew robotnicza przecieka im przez palce.

Obudźcie się z letargu zwyczajni ludzie
Wy harujący w pocie wielkim trudzie
Jesteście żywi na równych prawach
Czas to zrozumieć i wspólna sprawa.

Wypowiedz się narodzie
Jak trudno jest pisać na wodzie
A jeszcze trudniej jest odczytać
Dokąd to zmierzasz narodzie
Trzeba teraz o to zapytać.

Gdzieś wartości w tobie zanikają
W chciwość i zazdrość ubiera
Niestabilność i niepewność jutra
Sen z oczu wielu ludziom zabiera.

Mroczne siły z zewsząd wnikają
A liczne są tego przykłady
Swoje ręce we sprawy wsadzają
A rząd zacieśnia te układy.

Otrząśnijcie się ocknijcie się ludzie
Cały świat się tej sytuacji dziwi
Mieszkańcy miast wsi i ulicy
W swoim kraju jak niewolnicy.

Orzeł niepodległy i hardy
Dumny od wieków w koronie na głowie
Niech otrząśnie się z sennego letargu
I w końcu w swojej sprawie się wypowie.

Patologie

Patologia chorobliwa
Coś takiego się pojawia
W umysłach u wielu ludzi
I zakłopotanie budzi.

Patologii wielkie zgraje
To nie tylko się wydaje
Wychodzą tak dziwne rzeczy
Że jedno drugiemu przeczy.

Kto jest zatem patologiem
Doktor architekt geolog

Z biegiem czasu

Policjant i sędzia zarazem
Motocyklista pod gazem.

Ot i przykład archeolog
Taki zwyczajny patolog
Odkrył że jego kości
Pochodzą sprzed tysiąca lat
Robi na sobie badania
Tak bardzo się przy tym męczy
Odrąbał przypadkiem członka
Ma problem wkurzona małżonka.

Proszę wyobrazić sobie
Nabył nową patologię
Związał się z alkoholizmem
Pije za własną ojczyznę.

Patologie są bezwzględne
Głupie zaborcze i groźne
Pogłębiają ludzką niedolę
Niszczą sumienia i wolną wolę.

Piknik w Princeton

Marnować czas siedząc w domu
Oglądać film czy wiadomości
Najlepiej się udać na piknik
Tak chyba będzie najprościej.

Choć jest czwartek a nie sobota
Tereski to pomysł i wola
Staś Pysek zaczesał grzywkę
Z Tereską mkną na rozrywkę.

Princeton to piękne miasto
Popołudnie może trochę nawet ciasno
Udało się zaparkować
Hura! Idziemy balować.

Na trawce przy muzeum
Zebrało się mnóstwo ludzi
Wesoło jest gwarnie i radośnie
Że duma w sercach rośnie.

Pięknie zespół muzyczny przygrywa
Melodia pod niebo wyfruwa
Dziewczyna solistka buziaka wykręca
A gość na organach zasuwa.

Dym z grilla się snuje na mieście
Wesoło i fajnie jest uwierzcie
Na stołach kiełbaski z rożna
Sałatki i smakołyki w cieście.

W ogromnym pałacu muzeum
Galeria wystawne obrazy
Okazja to niesamowita
O wszystko się można dopytać.

Było fajnie przebojowo i sierpniowo
Jesteśmy zadowoleni tak myślę
Mamy wspólne zdjęcia
Z prawej nasz przyjaciel Krzysiek
Tereska królewna pośrodku
Z lewej strony Stasio Pysek.

Życiowa gra

Gra to pojęcie względne proste
A sprawdza się znakomicie
To może i zabrzmi poważnie
A grą najważniejszą jest życie.

Z reguły wydaje się zwyczajnie
Tak po prostu się urodzić
Dorastać zaczepiać o szkoły
I być szczęśliwym wesołym.

A można się przy tym zachwycić
Nasz świat jest naprawdę wspaniały
Mamy wodę i czyste powietrze
I zawsze to co jest najlepsze.

Tak gramy ze wschodem słoneczka
Przez dzionek do późnej nocy
Nasz czas się rozwija ukradkiem
I nie jest to czystym przypadkiem.

Walczymy o coś czego nie rozumiemy
I co czasem wydaje się zbyteczne
Co wzbudza strach i niepokój
A co jest tak bardzo niebezpieczne.

I moment i wszystko cichnie
To koniec gra u finału
I wszystko co przeżyliśmy
A może się nam tylko wydawało.

Dramatowo

Czy poderżnąć gardło jest trudno?
Czy użyć wyrazu na brudno
I kogoś nie zadowolić
Przypadkiem zupę przesolić.

Co może być zatem dramatem
Śnieg na plaży w środku lata
Czerwone z zielonym jednocześnie
Nieźle podchmielony tata
Myśli w kościele o złym duchu
Pływanie na piasku na brzuchu.

Pogoń w lesie za zającem
Zjadane z ukropu pierogi
Ucieczka bez użycia nóg
A może kredytowy dług.

A więc jak zmienić dramat na fraszkę?
Proste i jasne i z pewnym zyskiem
Wykręcić taki zwyczajny numer
I skontaktować ze Stasiem Pyskiem.

Zima w lato

Co wy na to zima w lato
Czarna dziura w kosmosie
Koń upity leży w żłobie
Krok do przodu i po tobie.

Być ostrożnym nie zawadzi
Poradzić sobie koniecznie
A można by też przypuszczać

Z biegiem czasu

Że w piwnicy jest bezpiecznie.
A różne powstają przyczyny
I często ostrożność zawodzi
W przemyśle gospodarce
W sporcie na tenisowym korcie.

W stosunkach międzynarodowych i w rządzie
Tak często kończy się w sądzie
Ktoś winny a inny bez winy
Z niewyjaśnionej przyczyny.

Ktoś tam majątek roztrwonił
Co potrzebuje ofiary
W pogoni za młodą Lucynką
Zapomniał że jest już stary.

I nie pomogła tu maska
Jak zwykle często się spóźniał
W tygodniu tak po dwa razy
Sejfowe konto opróżniał.

Teraz żyje w celibacie
Kuśtyka zwyczajnie o lasce
Przez typową nieostrożność
Skazany jest na pobożność.

Ile zostało?

Komu ile zostało dni nikt nie wie
Choćby posiadł mądrość niebywałą
Ktoś kto przewertował wiele stronic ksiąg mądrych
Ale ciągle jest jednak za mało.

A pytania sobie zadaję często
Kim i skąd jestem?
Skąd pochodzą moja mama i tata?
Czy przebrnę dzisiejszy poranek?
Czy doczekam następnego lata?
Kiedy żywot mój się przerwie?
Czy wrócę po pracy do chaty?
Kupię mleko świeże bułeczki
A żonie na rocznicę ślubu kwiaty.

A jednak we mnie myśl ta drzemie
Co się stanie jak to będzie
Jak utracę prawo kontroli
I okaże się że nic mnie już nie boli.

Zastanawiam się często i myślę
Ile jeszcze to godzin mi zostało?
Ile westchnień i spojrzeń w niebiosy
Nie przejmuj się bo stracisz wszystkie włosy.

Szkodzić

I po co się tak właściwie urodzić
Żeby samemu sobie zaszkodzić
Komuś dokuczać w najlepsze
Budzić strach i marnować powietrze.

Jaki można mieć powód do dumy
Ktoś kto krew z osobnika wychłepta
Ktoś taki który normalności życia
Po prostu nieustannie depta.

Jakim trzeba być zakłamanym i głupim
Żeby dusze wystawiać na zguby

Z biegiem czasu

I sprowadzać do ciągłych konfliktów
Nuklearne uskuteczniać próby.

Szkodzić ciągle ludzkiemu istnieniu
W imię zysków z góry określonych
Można uznać tych co w tym uczestniczą
Do bezwzględnych głupich pomylonych.

Teraz

Czas jest nieubłagany i twardy
Obdziela nas wszystkich jednakowo
Nie pachnie nie grzmi i nie błyska
Ale piętno na życiu wyciska.

Od niedawna coś takiego się zaczęło
Jak bardzo pamiętny był to dzień
Trzydzieści milionów obywateli
Zapadło w głęboki sen.

I pomyśleć taka liczba życiorysów
Mających tak wiele pomysłów
Taka prosta dziejowa rezerwa
I nie myśli snu ciężkiego przerwać.

Chybnięcie

Przechodzi to ludzkie pojęcie
Ot tak zwyczajne chybnięcie
Normalny beztroski skręt biodrem
A skutki uczynił niedobre.

Jest problem i w każdej chwili
A boli jak próbujesz się schylić

Usiąść lub położyć się na trawce
A kończysz na małej czkawce.

W celu zmniejszenia bólu
Smarujesz się maścią królu
A myślisz z nadzieją Święty Boże
Czy to na pewno pomoże?

Zadziałało rozgrzało tyłek
Ból ustąpił niemal całkowicie
Co znaczy chybnięcie ciałem
Sam o tym się przekonałem.

Zgryzotka

Zgryzota z nieznanych pobudek
Pojawia się niespodzianie
Przeważnie przez kłopoty
W tygodniu a nawet w soboty.

Co towarzyszy takiej zgryzocie
Niedostrzegane kłopoty i bieda
Bywa że rośnie na potęgę
I często się zażegnać nie da.

Zgryzota stwarza choroby
Bardzo często zagraża życiu
Wytwarzając na sercu szczerby
Wzbudza niepokój gorycz i nerwy.

Jak zażegnać zgryzotę i dym
To nie przejmować się byle czym
Nie martwić o coś zawczasu
Zgryzota odejdzie do lasu.

Z biegiem czasu

Zwątpienie

Zamknięte bezbarwne niechciane
Na cztery spusty zaryglowane
Oddzielone pustą smugą cienia
Bezimienne potargane zwątpienia.

Coś co może i rychło nastąpiło
Niespodziewane przypadkowe
Obarczyło umysł i nerwy poruszyło
Radość w sercu i spokój pokruszyło.

Zwątpiłem w to co najważniejsze
To o czym marzyłem we śnie
Nagle ulotniło się bezpowrotnie
Pogrążone w smutku sromotnie.

A niech tam ktoś wątpi jak umie
Co ma nastąpić w czasie
Nikt tego nie uniknie
Do wszystkiego rozum przywyknie.

Szkodnicy

Czy człowiek jest w stanie zapewnić pokój
Na ziemi która daje mu pożywienie?
Pokój tak bardzo potrzebny żeby istnieć
Jak wielkie jest tego znaczenie.

Człowiek uważa się za właściciela ziemi
Powołany do życia przez Boga
Pogwałca prawa i zakłóca spokój
Stąd wojny kataklizmy i trwoga.

Nasuwają się pytania dlaczego?
Skąd wywodzi się niszczycielska agresja
Dokąd prowadzi niszczenie przyrody
Innych grzechów niezliczonych procesja?

A czas płynie nieubłaganie bez pojęcia
Coraz więcej do oddania niż do wzięcia
Dzisiaj tutaj teraz w tym czasie
Nie wiadomo czy jutro będzie nasze.

Każdy dzień jest inny niż poprzedni
Bliższe czy dalsze czasy nieznane
Dlaczego nasze losy człowiecze
Są różnorakie i bardzo skomplikowane?

Nagle

Losy ludzkie kładzione na jedną szalę
Pytań i niedomówień tak wiele
Czy w życiu jestem niczym zwiędły liść
Dokąd po co i gdzie mam iść?

Orłem byłem fruwałem w przestrzeni
W salonach przy jarzących świecach
Dźwiękach fortepianu i kominka ciepełka
Nagle nastał nietypowy szum
Postradałem aż dwa skrzydełka.

A skrzydełka to jeszcze nic
Lot swój nagle musiałem przerwać
Zabrakło niestety sił
By do góry się rześko poderwać.

Z biegiem czasu

Gdzie szukać pomocy?
Cóż mam uczynić?
Wstać z łóżka zrobić zwykły przysiad
Nic z tego opadłem na pościele
Nie da rady kręgosłup wysiadł.

Co teraz będzie niedoszły bohaterze
Jeszcze wczoraj śmigałeś na rowerze
Robiłeś pompki i głębokie przysiady
A dzisiaj wstać z wyrka nie dajesz rady.

Niemoc krucha twoje ciało dotyka
Dobrze że w środku jeszcze tętno tyka
Gdzieś w górze zabłąkana mucha bzyka
Za oknami szarej nocy poświata
Po raz kolejny ominęła wypłata.

Zbawienie

Pewien pan nad wodną strugą
Łowiąc ryby myślał długo
Nad ważną rzeczą ofiarną
Jak zbawić siebie za darmo.

Zbawienie jest formą nagrody
A nie wszyscy o tym wiedzą
Niektórzy do tego dążąc
Nawet nie śpią mało jedzą.

Bywa że takich osób jest wiele
Co klęczą bez przerwy w klasztorze
Głowy w górę uniesione
Liczą że im znachor pomoże.

Wierzą że w ślad za srebrnikiem
Że ten jest tym pośrednikiem
Porozmawia w ich intencji
Jest kasa to nie ma pretensji.

Pośrednicy biorą drogo
Za modlitwy za wodę święconą
Postanawia zanim umrze
Musi porozmawiać z żoną.

Problem jest że żona już nie żyje
I wtedy pomyślał ten świr
Ponieważ bardzo ją kochał
Rzucił się na wodny wir.

Czy został zbawiony nie wiemy
Nie musi już dawać na tacę
I bać się od tej pory niczego
A w niebie wszystko za darmo
I starczy mu do pierwszego.

Nie uwierzysz

Nie do wiary co się stało
Młodością tak mnie zaleciało
A prawdziwe mam dowody
Że nagle stałem się młody.

Poczułem się bardzo swobodnie
Pomyślałem teraz o kurcze
Plecy się wyprostowały
Włosy z przodu wybujały.

Znikły w środku bóle i skurcze

Z biegiem czasu

Wcięło nerwy i podagrę
Kaszlu w płucach nie pośledzi
Grzechów mam już na minusie
Mądrość świętość we mnie siedzi.

I to nad samiutkim ranem
A może to ja zostałem panem
Dojrzewałem z każdym rokiem
Od teraz będę prorokiem.

Widać nawet i po minie
Coś około po godzinie
Obejrzałem wiadomości
Całą prawdę o miłości.

O miłości rządzących do ludu
Całą prawdę cechy cudu
Prawdziwe i kolorowe
Po milion euro na głowę.

Co tu robić w co uderzyć?
Jak się z nowym czasem zmierzyć?
Pożegnać z dawną rozterką
Szkoda spojrzałem w lusterko.

To już zakrawa na podłość
To tak ma wyglądać młodość
To wyprowadzenie w pole
To już to co było wolę.

Teraz mam wyglądać tak
To jest chyba przez przypadek
Podobieństwo niewolnika
Z wyglądu Mojżesza dziadek.

Na policzkach szare bruzdy
Dziwne zadrapania na gębie
Coś innego jeszcze w zwisie
To koniec po moim popisie.

Nic tu po pustej mowie
Lustereczko prawdę ci powie
Nie pośledzi zarostu na głowie.

A papuga do mnie mruga
    Pysek to jest młodość druga
    Która nie wyrządzi szkody
    Jak masz duszę jesteś młody.

Szykuje się

Szykuje się wielki dym
Bronić się trzeba a nie ma czym
Słowa już nie docierają
Oni inne zdania mają.

A tak naprawdę kim są ci oni?
Biali brunatni zieloni czerwoni
Oni wybrali niechlubną zmianę
Komu nie pasi to go pod ścianę.

Cóż pozostaje nam ściana płaczu
Nowa reforma ślady zaznacza
Na miskę ryżu kredyt zaciągnął
Nie zdążył spożyć nogi wyciągnął.

Krótko i jasno i na tę chwilę
Masz się wysadzić własnym trotylem

Z biegiem czasu

Możesz się nawet przedtem wzbogacić
Za pokropienie ktoś musi płacić.

Jak się odnaleźć w tej sytuacji
W swojej krainie dożyć starości
Może wyjechać na emigrację
I tam z ukrycia obserwować gości.

W imią miłośći odkrywać zdrady
Patrzeć na ręce i na układy
Niechaj się już w końcu prawda odkryje
W imię szacunku prawa wolności
Gości co kłamią i łamią prawo
Co wprowadzają obłudę lament
Co podmienili mi mój testament.

A w testamencie jako rzecz święta
Co zarobiłem w swoim istnieniu
Na co się składał ojciec i dziadek
Oni chcą zwinąć nie przez przypadek.

Ciemne strony bólu

Ciemne strony mego bólu
W głowie szumi spuchła buzia
O czym teraz myślisz królu
Nie smakuje ser i zupa.

Czy wynikało z przypadku
Ktoś chciał się zemścić na dziadku
Jakby komuś zależało
Żeby Pyska tak bolało.

Cóż poradzić w tym temacie

Narzekać stękać biadolić
A może by tak bolące miejsca
Solą kuchenną zasolić.

Tak mocno zachodzę w głowę
Spożyłem już dwa schabowe
Mandarynki i pomarańcze
Nie pomaga znów się niańczę.

Trudno nawet oczy przetrzeć
A co dopiero tyłek podetrzeć
Pod sufitem wiszą chmury
Łypie ślipkami do góry.

Nic się już nie chce nic nie łechce
Głupia pustka beznadziei
Bezładna i pogmatwana
Tępym bólem zakrapiana.

Nie łatwo

Nie łatwo jest żyć normalnie
W kraju gdzie wciąż się chrzani
Gdzie dominują zdarzenia
Godne naszego potępienia
W kraju z zakłamaną racją
Sztuczną kocią demokracją
Dlatego tak źle się dzieje.

Jak uwierzyć w te reformy
Jeśli nic z nich nie wynika
Nasz byt od teraz zależy
Od kaprysu pośrednika.

Z biegiem czasu

Przekroczone normy fałszu
Nieciekawe niedoróbki
Zbędnych reform wielkie stosy
Dług publiczny pod niebiosy.

Normalnie już żyć się nie da
W mieście na wsi straszna bieda
Czas nam nastał niewesoły
Zamyka się szpitale i szkoły.

Zastanawiam się

Nauczyłem się czytać i pisać
I rozumieć to czego nawet nie muszę
Bóg podarował mi w nagrodę życie
A więc ciało i niewidzialną duszę.

Zastanawiam się często dlaczego?
Po co algorytmy mi wpajano
I chemiczne zniekształcone pojęcia
Fizyczne skomplikowane tąpnięcia.

Często siedząc na chaty progu
Z michą pełną żylastych pierogów
I kapustą kiszoną się tuczę
Połykająco apetytu się uczę.

Czego sam się nauczyłem powiem śmiało
By ostrożnie nie przeginać z gorzałą
A kaca leczyć wyłącznie robotą
A na rauszu chodzić piechotą.

Nauczono mnie wiary i szacunku
Różnej maści i wszelkiego gatunku

Bym nie we wszystko uwierzyć mógł
Tak poradził mi mój jedyny Bóg.

Uczyli mnie w różnych programach
Bezbłędnie honorowo i czysto
W tym ustroju co przepadł z kretesem
Nie udało się złym człowiekiem nie jestem.

Nauczyłem się normalności sam
Szkoda że wszystkiego do końca nie rozumiem
Ale żyć muszę i będę się starał jak potrafię
I tak z byle powodu nie umrę.

Bóg upomni się o mnie w swoim czasie
Zostawię wszystko co na ziemi posiadam
Co mu powiem wtedy gdy mnie wezwie
Że w zaświaty się iść nie zgadzam.

Pomyślałem tak kiedyś że po pierwsze
Wezmę ze sobą wszystkie swoje wiersze
I w przestrzeni tworzył będę dumnie
Z nadzieją z całych sił jak tylko umiem.

Dorastanie

Dorastamy w niedostatku i biedzie
Licząc na to że jakoś to będzie
Martwimy się o sprawy zawczasu
Nagle stop zabrakło czasu.

Dorastanie koło nosa przeszło
Czas się dłużył zaciskały się kleszcze
Zakochanie i pierwsze miłości
I coś jeszcze.

Z biegiem czasu

Dorosłeś pracujesz główkujesz
Pensja duża choć może czasami niska
Piękna żona ogląda się w lustrze
A do tego bujana kołyska.

Teraz czas trzasnął jak z bicza
Zostałaś matką i ojcem nie przypadkiem
Długo jednak nie musiałeś czekać
Jesteś teraz babcią czy dziadkiem.

A obecnie jest już inaczej niż przedtem
Odzywasz się nietypowo cicho szeptem
Razem z żoną na polu po bitwie
Na klęczniku i kościelnej modlitwie.

Spaceruję przy nietypowej kociudze
Rozmawiam ze sobą szeptem
Wszystko teraz wygląda inaczej
Nie takie kolorowe jak przedtem.

Wraz z czasem

Wraz z moim czasem lotnym pędziwiatrem
Chóralnym jak koniem trojańskim
Czai się nicość świetlanym całunem
Czegoś innego nowego zwiastunem.

Dalszej i przeszłej bierności się wstydzę
Błędnych rozumowań korowodem myśli
Nicości sercem płaczącej nadziei
Młodości przemknęła w potwornej zawiei.

Com zawojował w tym życiowym boju

Pełnym żarliwych błagań i niepokojów
Zbawienia czekać z nadzieją i rychło
A często myślę na cóż mi to przyszło.

Godne pożałowania

Gdzieś się zapędził losie człowieczy
Sypiesz popioły na własne oblicza
Srogim upadkiem możesz to zakończyć
Jak uderzeniem piekielnego bicza.

Skąd biorą się częste swary i niepokoje?
Pędy do waśni godnych pożałowań
Nieczystych myśli zamglonych spojrzeń
Zmielonych mózgów zmurszałych doznań.

Prawdy skalane grzechem się stają
Zyskiem przeżarte spaśne bestyje
Ktoś i pomyśli że będzie żył wiecznie
Ale go chciwość i pycha zabije.

Pochodnie jarzą lonty zapalone
Złe się próbuje wybielić rozgrzeszyć
Stłamszona lawa na żywych rzygnie
Ciemnością skala całą rzeczywistość
Tożsamość zniknie i zupa wystygnie.

Zaspokojenie

Przemijające szały obecnego świata
Ciągle dla ducha trudne i zawiłe
Takiem się to z owymi rzeczami zbratał
A okazuje się że to jest niczyje.

Z biegiem czasu

Nikt się dostatkiem mamony nie ugości
Nie rozkoszuje w brylantowym blasku
Nie zasmakuje potrzeby ducha
I nie otrzyma godnego poklasku.

A w wyobraźni okrągłego stołu
Ciała stworzone na wezwania Boże
Rodząc przyjaźnie łaski żywej wiechcie
To tylko Bóg uchroni nas kiedy tylko zechce.

Rzeczywistości tak często naiwna
Zakrawasz na bajkę nietypowa dziwna
Zatroskana o bytowanie i ziemska sprawa
Traktujemy siebie niczym niezniszczalni
Co często na bezrozumne działania zakrawa.

Tacy sami ale różni i ciałem i duchem
Przynagleni do absurdów trucizną karmieni
Sprawdzamy się w niezliczonych bojach
Dewastujące dobra ukochanej Matki Ziemi.

Milczący i bierni chełpiący się władcy
Często niespełna rozumu hołdujący czarta
Dopieszczani i czczeni przez plebs różnoraki
Nigdy za prawdą nie pójdą chociaż jest tego warta.

Rzeczywistość niejasna

Niejasne strony rzeczywistości
Czarne plamy i białe różnicą
Jakie prawa boskie i ludzkie
Tak prawdziwie na świecie się liczą.

Co świat oferuje nam ludziom

Dobrobyt fascynacje przyjaźnie
Chwile kiedy samo dobro się dzieje
Przemijające i pełzające nadzieje.

Nasze dole niewiadome własne
Pewne sprawy skomplikowane niejasne
Skrótowe nieprzewidziane nietypowe
Rzeczywistości i skróty myślowe.

My ludzie na ziemskim globie
Cóż możemy zawdzięczać sobie
Istniejemy ubrani w nadzieję
Że wszystko wokół nas się dzieje.

Dbaj o siebie

Dbaj o siebie i nas
I nasz własny czas
Śmiech i płacze
Skoro żyję to na pewno coś znaczę.

Życie porównać z huśtawką
Nie jest tak kolorowo i łatwo
Któż przewidzi czy jutro nastąpi
Nie obudzi się i wtedy nie zwątpi.

Fryzura Joanny

Hulaj dusza pod niebiosy
Widziałeś waść takie włosy
Coś takiego jak piosenka
Pokazuje to Asieńka.

Fryzjerce zabłysły oczy

Z biegiem czasu

Coś takiego wielkim znakiem
Joasia swoje włoseczki
Myje zwykle tatarakiem.

Fryzjerka wpadła w zadumę
Raptem zaczęła żuć gumę
Godzinę siedziała jak wryta
Prawda została odkryta.

Jak uczesać naszą Joannę?
Jej bujne włosy sportowe
Super schludne i bujne
Prawdziwie to teraz ujmę.

Włosy gęste nadzwyczajnie
I układają się same
Nic tu dodać ani ująć
Od razu rozpoznajesz damę.

Joasia już wkrótce na pewno
Zostanie światową królewną
Pierwsze miejsce w konkursie zdobędzie
                                              Tak będzie.

Samego czasu

Samego czasu nikt nie zrozumie
Ba nie dogoni i nie prześcignie
A może tylko nam się wydaje
Że czasu nie ma cóż pozostaje.

Czas się udziela czysto psychicznie
Moralnie fizycznie i politycznie
Wszelkie reguły on tu wyznacza

Często zawini lecz nie przeprasza.

Czas może dopiec że aż się zmęczysz
Więc pokutujesz za grzechy własne
Czas zebrać myśli i się nie martwić
A wszystko będzie prościejsze jasne.

Kto i kiedy?

Jak pomnożenie duchowych zasług
Na jasną stronę serca wpływa
Wykreślne niewidoczne rysy
Coś o czym nikt nie usłyszy.

Kto nasze złości zauważy
Tak naprawdę się za nami ujmie
Broczących we krwi wielu zdarzeń
Za którymś razem zrozumie.

Sami dla siebie wyrocznią i sędzią
I niepewności gnębiące wtórnie
Ufajmy sami sobie
Wzmocnieni duchem głębiej dumniej.

Bóg który daje siły przetrwania
Upadłym żebrzącym się nie wstydzi
Nic w zamian za to nie żądając
Łaską nadziei obdzielając.

Obudzony

Obudzony dzisiaj prawdziwie
      Dlaczego i po co?
      Żeby żyć trwać ciągnąć biedę

Z biegiem czasu

Kim jestem teraz?
Kim byłem w przeszłości?
Kim może w przyszłości będę?
Stawiam sobie zadania na dzisiaj
Na jutro które rychło nadejdzie
Tak żeby to było po mojemu
Tylko nie wiem dokładnie czemu.

Samo życie dla siebie z szacunkiem
To czego nie osiągnąłem a na czym mi zależy
Co może stać się warunkiem
Komu zaufać i naprawdę uwierzyć.

Dziwolągi

Wiedzieć to kiedy trzeba zaprzestać
Żeby dziwolągiem się nie stać
Zacząć pewne rzeczy wydziwiać
Wobec kogoś i czegoś się sprzeciwiać.

A dziwactwa są mniejsze i większe
Coś co może nam wciąż nie pasować
Takie coś pewne siły wyzwoli
A ktoś musi to akceptować.

I w przyrodzie zdarzają się dziwa
Jabłoń winna być prosta nie garbata
Jabłko zamiast spaść do koszyka
Niefortunnie zygzakiem lata.

Nawet koń wydziwia czasami
A to kończy się zazwyczaj okropnie
Znudzony ciąganiem pługa

Nie tego co trzeba kopnie.

Najgorsze jest wydziwianie militarne
Coś takiego kończy się tragicznie
Na umysłach pozostawia czarne plany
Wydziwiając beztrosko nie wiemy
Że o swoje własne życie gramy.

Życie jest ruletką

Życie jest dziwną grą z pasjansem
Wydaje się że mamy jednakowe szanse
O życie trwa walka od poczęcia
A po drodze trafiają się potknięcia.

Zagadnienie życia sens ciekawy
Jak żyć aby można się naumieć
Ważne sprawy związane z istnieniem
Pojąć zaakceptować i zrozumieć.

Ktoś twierdzi że życie to beznadzieja
Typowa czasowa zawieja
Przelewanie z pustego w pełne
Owijanie czegoś w bawełnę.

I rozwija się teoria pewna
Co ważniejsze jest to coś czy bawełna?
Czy woda od ognia czy może tlen?
Czy od nocy ważniejszy jest dzień?

Czy dziwaka co wszystko mu lata
Można uznać za szaleńca wariata?
Czy duch ciałem porusza?
Pewnych spraw lepiej zaniechać

Z biegiem czasu

I nigdy odwrotnie się nie uśmiechać.

Maximum prawdy

Biada tym którzy prawdę bezczeszczą
Dla swoich niecnych zamierzeń
Interesów i własnych korzyści
Wydawałoby się sprawiedliwi i czyści.

W matriksie czasowego na ziemi pobytu
Ideologii pomijalnych w wiekach
Dziwna sprawa się ciągle kołacze
Nienawiści człowieka do człowieka.

Katolik czy innowierca
Takie same mamy głowy i serca
Krew czerwoną dobre i złe moce
Poranki popołudnia i noce.

Jak tłumaczyć tę człowieczą mierność?
Zrozumieć od początku do końca
Dokonać niezwykłego szaleństwa
Dla dobra ludzkości i człowieczeństwa.

Nagle strach odwrotu sprawą całą
Nuklearna szaleńców myśl napadła
Odpalili atomowe rakiety
Czas do piekła bez wyjątków niestety.

Cóż rzekniesz na sądzie milionerze
Jak się ogień do tyłka dobierze
Jak się coś to zrobi czerwone
Oferujesz wtedy i komu zielone.

Nowe

Myślisz że nowe to lepsze
To często jesteś w błędzie
Co było wczoraj rano
Takie same dzisiaj nie będzie.

Czas dobrodziej ciągle nowy
Przyjazny i ugodowy
Niewidzialny dobrotliwy pobożny
Często uczuciowy nieostrożny.

Kiedy dane nam będzie zrozumieć
Istotę naszej egzystencji ziemskiej
Sceny z życia duchowego przemijania
Ktoś przed nami te prawdy zasłania.

Skazani na ziemskie wędrówki
W roli pszczół w wymarzonym ulu
Zatroskani w bycie zacnym
W czasie przemijającym własnym.

Skazani

Skazani na przyciąganie ziemskie
Zbiorowo pojedynczo we dwoje
Przechodzimy etapy bytu
Trwania walki i ciąg niedosytu.

Przejęci swoim własnym losem
W pogoni za czerstwym chlebem
Rozgrywany codzienność typowo
Między życiem piekłem a niebem.

Z biegiem czasu

Wizja naszych przyszłości rozgrywka
W krótkiej chwili rozpada się jak bańka
Ktoś za nas pociąga sznurki
Bezpowrotnej cielesnej powtórki.

Ktoś pomyśli że nic się nie dzieje
Typowe określone beznadzieje
Pulchne stopy a buty ciasne
Tyle tego co niczyje i niejasne.

Nie było
Wracać do czegoś z urojoną siłą
Do tego co się nigdy nie zdarzyło
W imię przekonań pretensją rościć
Typowych zakłamanych bierności.

A popatrzeć na tych w koloratkach
Na kolorowych gazety okładkach
Prezentowanych w programach
Wykwintnych panoramach.

Przepada kultura z kretesem
Pazerność rośnie i chciwość
Zanika prawda szacunek
Pożera się sprawiedliwość.

Nastał czas by się z rzeczywistością zmierzyć
Bez wahania w szubrawców uderzyć
Ze zdwojoną energią i siłą
Tworzyć prawość mądrość i miłość.

Do czego zmierzamy

Kolejny poranek i starcie
W procesie człowieczej natury
Zaplanowanej odgórnie ułożonej
Do czego zmierzamy nie wiemy
W procesie podarowanego nam czasu
A mamy do tego prawo
I tak przyzwyczajeni bijemy sobie brawo.

Budujemy bohaterom pomniki
Na ich grobach zapalane są znicze
Bohaterom pełnym okrucieństwa
Nienawiści i zdrady nie policzę.

Wstydzimy się podstawowej prawdy
Wygodniej nam z czym się nie zgadzamy
Szukając drogi do nikąd
Od innych a nie od siebie wymagamy.

Do świętości

Zostać świętym już na ziemi
To nie jest i takie proste
Trzeba cieszyć się dobrą opinią
Potulnością i zarostem.

Być prawdziwym chrześcijaninem
Modlić się co godzinę
Udzielać się na szczerym polu
Wyrzec się alkoholu.

Wystrzegać się filmów porno
Na baby gołe ślepkami nie łypać

Z biegiem czasu

Udzielać się patriotycznie
I piaskiem po oczach nie sypać.

W końcu udało się cud
Został świętym i dlatego
Na obrazie uśmiechnięty
I modlą się wszyscy do niego.

Chcą być tacy sami jak on
Każdemu podoba się tron
Nagle głos ochrypły się odzywa
Z przestworzy odezwał się ten on.

Jesteście wszyscy do luftu
Brakuje wam jednego punktu
Nie nadajecie się na ten tron
I bez pieniędzy poszli won.

A potem wiadomość przeciekła
Ten on to odezwał się z piekła
I przepadła im euforia
Okazało się że to zła teoria.

Bez ogona

Poruszona pewna sprawa
Przemyślana podkreślona
Pewien nietypowy diabełek
Urodził się bez ogona.

Coś takiego głowi się piekielny szef
To przypadek albo pech
Trzeba będzie coś przyciemnić
Wyrzucić diablaka na ziemię.

Akcja planowana z nagła
Na ziemi przyjęli diabła
Żre mięso i pije samogon
Kogo to obchodzi ogon.

Zamieszkał w wielkim pałacu
Ochrzcili też skurczybyka
Awansował na prezesa
Największego polityka.

I od teraz się zaczęło
Kraina jest upodlona
Na co stać zwykłego czorta
Mimo że nie posiada ogona.

Między innymi

Sami sobie jesteśmy winni
Chociaż sobie nie zdajemy sprawy
Własnymi sumieniami handlujemy
Beztrosko tak zwyczajnie dla zabawy.

Spieramy się o rzeczy mało ważne
Czasami o coś co nic nie jest warte
Nasze dążenia złością przesiąknięte
I ambicje niepohamowane uparte.

Latka lecą siwieją głowy
W oczach mgielna się pojawia zasłona
Myśli snują beznadziejne spektakle
W niewidzialnym czasowym teatrze.

Świat przed nami otworem stać powinien

Z biegiem czasu

A tak nie jest bo ciągle jestem coś winien
Tylko komu i za co zapłacić muszę
Czy zdążę zanim się uduszę?

Nagle zrozumiałem być może za późno
Jest iluzją co się dookoła dzieje
Żyję w dziwnym kole matrycowym
Jak udowodnię że sam istnieję.

Mijają wieki a z nimi zadymy
Coś co istnienie nasze przeplata
Czy korzystamy czy też tracimy
Nieubłaganie mijają lata.

Los emeryta

Czas nie wyróżnia i się nie pieści
Wczoraj lat osiemnaście a dzisiaj czterdzieści
Jutro sześćdziesiąt sześć i emerytura
Przycichł spokorniał zmarniał fachura.

Co zdziała pan taki na emeryturze?
Zdrowotne kryją się tu defekty
Płuca pokryte kurzem i dymem
Na nerwach widać niezłą zadymę.

Emeryt siedzi i dłubie w nosie
Wolno przewraca gazetną stronę
Nagle przeczytał na górze napis
Ty emerycie masz przepieprzone.

ZUS rozwiązany klamka zapadła
W spiżarni tylko golutkie półki
Kot patrzy w oczy chudy jak szczapa

Koniec nadchodzi zwyczajna klapa.

Strzelba nie strzela bo braknie prochu
Naboje w środku do reszty zgniły
Komputer wysiadł baterie siadły
Myszy w piwnicy przetwory zjadły.

Z pieśnią na ustach niech żyje Polska
Emeryt gacie na tyłek wciągnął
Żeby nie zdechnąć j jeszcze pożyć
To się do armii koleś zaciągnął.

Teraz ma nieźle żre do oporu
Mięcho wołowe solone z kaszą
Strzela seryjnie chociaż ma zeza
Walczy o wolność waszą i naszą.

Tragedie

Wkręceni w życiowe termedie
W liczne niespodziewane szoki
Przeżywamy rozterki i tragedie
W dni świąteczne i powszednie.

Pewnych zdarzeń nie unikniemy
Pomimo że są wadliwe
To co się stało to być tak miało
Coś dla nas niesprawiedliwe.

Żeby życie godnie przeżyć
Oj trzeba się nieźle wyginać
Aby osiągnąć pewne wartości
I coś niewiadome otrzymać.

Weterani

Trudno pojąć pewne sprawy
Z których dobrego nic nie wynika
Wywoływać ciągłe spory
Kłamać szukać przeciwnika.

Komu potrzebny jest niepokój
Wojna nie przyniesie zysku
Niszczy wszelkie marzenia
I ziemię w popiół zamienia.

Gdy się tak przypatrzeć z bliska
Trudno prawdziwie w to wierzyć
Jak zachowują się w działaniach
Niezwyciężeni pseudo bohaterzy.

O wszystkim

Jak dużo się wokół nas dzieje
Trudno jest nie zauważyć
Zawsze trzeba żyć nadzieją
I nigdy nie przestać marzyć.

A co jutro nam przyniesie
Na pewno miłość i radość
Słoneczko oświetli pagórki
A dzionek uleci w chmurki.

A co tam się byle czym przejmować
I za fortuną uganiać
I ciągle się o coś martwić
Na nogach zmęczonych słaniać.

Pewne jest że z każdej chwili
Cieszyć się każdy powinien
Szanować i kochać przyjaciół
Tylko Bogu ducha jestem winien.

A co wynika z tego
Zawarte jest w naturze
Bozia przebacza nam grzechy
I małe i te trochę za duże
Starszym młodzieży i małolatom
Dzięki Ci Boże za to.

My wszyscy

Bardzo fajnie jest pogwarzyć
Tak o wszystkim i po prostu
Niezależnie od poglądów
Sytuacji postawy i zarostu.

Wiadomo że każdy ma swoje racje
Panie zupy gotują smaczne
Pieką ciasta że paluszki lizać
Nie musimy za byle co dogryzać.

My wszyscy stłoczeni na tratwie bycia
Nie mamy przed sobą tajemnic
I nic tak naprawdę do ukrycia
Cieszmy się z każdej chwili życia.

Nic za darmo

O nieprzyzwoitości trochę
Ktoś kiedyś wymyślił darmochę
Coś takiego skombinował

Z biegiem czasu

By za niego ktoś pracował.

Czasem to wygląda marnie
Nie każdy do pracy się garnie
Chociaż praca nikomu nie szkodzi
Nie każdy wie o co chodzi.

Nic za darmo ktoś powiedział
Ale faktu to nie zmienia
Trzeba przedtem coś napsocić
Żeby trafić do więzienia.

Chociaż bywają przypadki
Ktoś o sprawie nic nie wiedział
Dziwnym zbiegiem okoliczności
Całe życie w lochach siedział.

Jak wyciągnąć z tego wnioski
Cztery kury a dwie nioski
Wszystkie cztery jaja niosły
Ale nie wszystkie doniosły.

Stało się w drodze był napad
Złodziej się pod ziemię zapadł
Szuka go wspólników zgraja
Stary numer niezłe jaja.

Poranek rolnika

Gdy zabiły ranne dzwony
Rolnik został obudzony
Uniósł w górę oczy słabe
Nagle ujrzał własną babę.

Stanisław Pysek Prusiński

Czy to aby jego żona
Jakoś tak rozochocona
Wydaje się że inna
Co się stało gdzie przyczyna?

A nad łóżkiem widzi gałąź
Na gałęzi jabłko złote
Wtedy rolnik tak pomyślał
Ktoś tu robi złą robotę.

Kto to i z samego rana
Pewnie to sprawa szatana
Tego osła i wałkonia
Chce go teraz zrobić w konia.

Żona prosi   skosztuj jabłko
        Jestem żonę będę matką
        Owoc ten ci doda siły
        Będziesz odtąd lepszy miły.

Ale rolnik nie jest głupi
Tego bajeru nie kupił
Bo miał bardzo zęby słabe
I groźnie popatrzył mu babę.

Rolnik znał historię Adama z Raju
Po co mu taka powtórka
Trzeba będzie dom opuścić
Odejść z własnego podwórka.

Rolnik trudu nie zaniechał
Szatan na kopach wyjechał
I nie opuścili włości
Pełni siły i radości.

Krakowianka Tereska

Dawne czasy i królowie
Wielkie grody i zamczyska
Smoki o dwunastu głowach
Ale to o dawnym mowa.

A historia się powtarza
To się działo wtedy z rana
W pobliskim polskim kościele
Pojawiło się w niedzielę
Krakowianek bardzo wiele.

Skąd więc wiem i to i owo
Bo byłem w kościele duchowo
Przedtem żyłem tutaj w lasach
Jak przeszedłem drogi duszy
Żyję powtórnie w tych czasach.

A współcześnie jestem inny
Popatrzyłem na dziewczyny
Jakże piękne Polki młode
Do ołtarza stoją przodem.

Siedzę w ławeczce z boku
Nagle wpadła w moje oko
Jedna pani młoda zgrabna
W sukieneczce krakowianek
Taka mile uśmiechnięta
A na głowie miała wianek.

Boże Święty pomyślałem
Tę dziewczynę już widziałem

Noclegować kiedyś mi przyszło
Nad karwowską rzeką Wissą.

A spotkałem ją na zamku
Kiedy rozmawiała z królową
Parradując na dziedzińcu
W otoczeniu pięknych dam
Tak to ta sama królewna
Pomyślałem szczęście mam.

Trudno mi oderwać wzroku
Od anielskiego Tereski uroku
Nagle sobie przypomniałem
To było dokładnie
Piętnastego lipca 1410 roku.

To bardzo pamiętna data
Wtedy właśnie tego lata
Jagiełło przy pomocy chłopaków
Wygonił z Polski Krzyżaków.

Zrobiłem dwa kroki do przodu
Żeby upewnić się z bliska
Teraz nie mam wątpliwości
Aż z radości w sercu ściska.

Buźka taka różowiutka
Uśmiech błogi zgrabne nogi
Zarzekam się i do diaska
To ta sama zgrabna laska.

W głowie huczy w oczach ćmi
Zrozumiałem Staś to ty
Ta dziewczyna ta wyśniona

Z biegiem czasu

Toż to przecież twoja żona.

Teraz się odkryły racje
Były dwie duchowe racje
To jest prawda nie przegięcie
Dowodem jest zdjęcie z kamery
Tereska wygląda bosko
Po krakowsku a maniery.

A głośno powtarza za księdzem
    Byłam dobra lepsza będę
    Jak z daleka tak i bliska
    Bardzo kocham Stasia Pyska
    I po drugie i po pierwsze
    Pysek jest znanym poetą
    Niezłe są te jego wiersze.

A Tereska się ogląda
Pomyślałem na bok spojrzy
Jeszcze mnie przypadkiem dojrzy
A przecież zostałem w domu
Duchem tutaj w domu ciałem
Uciekłem bo wyjścia nie miałem.

Muszę przyznać nie od dzisiaj
Że Tereska to strojnisia
Każdy ubiór jej pasuje
Krakowski kurpiowski kielecki
Falbanki koronki kiecki.

Ciekawością zasłużona
Dla Polski i Ameryki
W grę wchodzą nie tylko angielski
Polski niemiecki rosyjski

Ale i inne obce języki.

Angielski jest perfekcyjny
Uczuciowy i bezbłędny
Wszyscy Tereskę podziwiają
Prawdziwa królewna z Raju.

O baniu

Kurcze pieczone i psia go mać
A czego ja mam niby się bać
Psa na łańcuchu kota na smyczy
Może indyka jak się rozindyczy.

A co najbardziej jest w tym ciekawe
Cóż to ma znaczyć to słowo banie
Co się naprawdę ukrywa w nim
Więc jak się martwić to wiedzieć czym.

A jaką miarą mam banie mierzyć
W metrach czy inczach czy kilogramach
Może w jednostkach specjalnych strachu
Nocą samotnie na stromym dachu.

A co się dłużej nad tym rozwodzić
I nie polecam bo może szkodzić
Rada jest prosta dla mnie dla ciebie
Żeby się nie bać samego siebie.

Ignoruj banie jak tylko da się
Przez cały miesiąc o każdym czasie
Nie daj mu szansy z bliska i z dala
Krótko na temat niech wy...

Z biegiem czasu

Patrząc trzeźwo

Co naprawdę w życiu jest ważne
To myślenie pozytywne odważne
Logiczne proste i własne
Przemyślane i poważne.

Wyjść naprzeciwko swojego losu
Od siebie musimy wymagać
A przyszłość to niewiadoma
Nie będzie się nam kłaniać i błagać.

Patrząc trzeźwo na czasy dzisiejsze
Sprawy ważne i mniej ważniejsze
Rozgrywają się przy naszym udziale
Obiektywnie spokojnie wytrwale.

Złote lata

Nadejdzie kiedyś taki moment
Że zrozumiesz dlaczego jesteś
Teraz tutaj w tym czasie
To nie jest sen tylko dzień.

Dzień zwyczajnego poranka
Za oknem spadające z drzew liście
To takie rzeczywiste żywe i proste
A myślenie zwyczajne wyniosłe.

Pomyślałeś teraz że to jest program
W którym grając spełniasz swoją rolę
Nie narzekasz dobrze się masz
Naokoło przyjaciół rzesze znasz.

Problem jest tylko w tym
Że jesteś na krawędzi czasu
Który szalony pędzi w nieznane
A ja nie wiem dokąd śpieszę.

Wielka szkoda że wszystkiego nie rozumiem
A wydaje się tak rzeczywiste i proste
Dziękuję Stwórcy że jest we mnie
I pomaga mi zrozumieć
Że jestem coś wart i dorosłem.

Tam i tu

W przestrzeni niebiosach bram
Co nigdy nawet się nie śniło
Jest coś okrzyczane wiecznością
A my wszyscy zdążamy tam.

To my istoty żyjące ludzkie
Których ziemia karmi i pielęgnuje
Daje schronienie i rodzi przyjaźnie
Miłość prawość i szacunek buduje.

Gra toczy się tu na ziemi
Czy nasz duch tam dotrze?
Aby skalę istnienia utrzymać
Dzięki przetrwaniu słowa dotrzymać.

Bardzo dziwne

To jest pewne że na ziemskim padole
Otrzymujemy do spełnienia rolę
Próbujemy wielu rzeczy dochodzić
Ale nie wiemy o co w tym naprawdę chodzi.

Z biegiem czasu

Wielcy prorocy dawnych dni
Nie byli inni ale tacy sami jak my
Też zostali wezwani w nieznane
Do tego co do tej pory
Nie zostało przez ludzi zbadane.

My się nie starzejemy

My się nie starzejemy
Bo to do nas nie pasuje
Jesteśmy zawsze młodzi
I właśnie o to chodzi.

A co by jeszcze dodać
Na młodość teraz moda
A zawsze się opłaci
Nie można na tym stracić.

A co tam jakieś cyfry
W paszporcie czy dowodzie
A buzia uśmiechnięta
I wesolutkie oczęta.

Wraz ze wstającym porankiem
Bez względu na pogodę
Biegniemy do laseczka
Rozprostować sylwetki młode.

Wigilia Bożego Narodzenia 2019

Kto by pomyślał mamy Wigilię
Jakże świątecznie jest naokoło
Co rok rodzinnie i do pospołu

Zasiadamy do Wigilijnego Stołu.

Składamy życzenia serdeczne
Dzielimy się białym opłatkiem
Kosztujemy kluseczków z makiem
Zagryzamy świeżym śledziem
W nadziei że Święty Mikołaj nas odwiedzi.

Boże Narodzenie 2019

Północ wybiła jasność nadchodzi
W ten dzień zimowy jedyny w roku nasz Bóg się rodzi
Mały Jezusek w mieście Betlejem
Przybywa głosić radość i nadzieję.

Gwiazdki rozbłysły choinką pachnie
Kościół wiernymi jest zapełniony
To czas niezwykły oczekiwany
Nową nadzieją jest rozbudzony.

Sylwester 2019

Szanowni Państwo
                          Dziś coś na ekstra
Dzień kolejnego w roku Sylwestra
Nowe nadchodzi a stare znika
Dziś jest okazja żeby poszaleć
Ostro potańczyć bo gra muzyka.

Noc Sylwestrowa balanga śmiechy
Więc wywijamy z wielkiej uciechy
Echo muzyki do dali niesie
Niech Nowy Roczek szczęście przyniesie.

Z biegiem czasu

Nowy Rok 2020

W górę serca równaj krok
Wszyscy szczęśliwi do reszty
Rok 2019 minął szczęśliwie
I proszę mamy rok 2020.

Popatrzcie Nowy Roczek do nas się śmieje
Budzi w nas radość i nowe nadzieje
Obiecuje dotrzymać nam wszystkim kroku
Witamy ciebie Nowy 2020 Roku.

Posiew

Posiane prawdy na ziemię żywą
Zakwitną z czasem owoc wydadzą
Dręczone chmarą nieznośnych przesłań
Pożyteczności skromność wprowadzą.

Umieć dostrzegać to co w sumieniach
Pokornym żarem pali się liche
Myślach znużonych bezwymiarowo
Spornie się ściera z fazy przepychem.

Sprzęgnięte wrogo krzaczaste złości
Przesiąkłe groźby w tępych myślenicach
Skryte głęboko niszczycielską dumą
Kamuflowanych w nuklearnych głowicach.

Czasowa sodoma nazywana nijaką
Okryta grozy tępym szelestem
Wpajana w umysły zwykłą bezczynnością
I nagle hasło   *Głupi nie jestem.*

Cóż zatem czynić by dążeń nie kalać
Zarzewie prawdy naokół rozpalać
Nie dać zaszczepiać monotonii grzeszności
Upiornej beznadziei i bezużyteczności.

Maruda

Marudność czy to jest wada?
Czy aby o tym mówić wypada?
Może przypominać zbędnie
Zastanawiać niepotrzebnie.

Powtarzane na okrągło
Mało znaczące zdania
Zagadkowe zapytania
Nietypowe ponaglania.

Marnować czas i się trudzić
Może nawet szarpać nerwy
Słuchać tego samego gadania
Bez jakiejkolwiek przerwy.

Może lepiej byłoby i korzystniej
Uniknąć tych słownych potyczek
Maruda powinien wykonać teraz
Na własnym nosie pięć prztyczek.

A z innej strony w tej sytuacji
Druga ma połowa w temacie rację
Zamknąć buziaka i uszy skulić
Taką marudę może przytulić.

Nie odszczekiwać a lepiej zwątpić
A tak po prostu tematy zmienić

Z biegiem czasu

Bo się utarczka słowna z marudą
Na awanturę może zamienić.

Do świętości

Czy będziesz świętym chociaż tego pragniesz?
Może nie każdy wszystko zrozumie
Ale to nie jest już takie proste
Kto się przed Bogiem za nami ujmie?

Mimo że jesteś szczery uparty
Często się żegnasz zerkasz do góry
Posiadasz wiedzę lepszą od innych
Lecz nie należysz do tych niewinnych.

Do tych co wcale nieźle się mają
Więcej wydają niż zarabiają
I udzielają sobie pochwały
I osiągają cel swojej chwały.

Chociaż nie obca jest tobie pokuta
Zgrzebna koszula i dziury w butach
Zarabiasz grosze za ciężką pracę
Być może mało dajesz na tacę.

Więc napisałeś do nich podanie
Wszystko ci jedno niech już się stanie
Odpowiedzieli czasu nie trwoniąc
Możesz być tylko świętym gamoniem.

Uzasadnili   słuchaj bidulek
   Uszy w opadzie twarz kocia mała
   Do tego błędne plamy na wzroku
   Spodnie wytarte i dziury w kroku

Nie załapałeś się żałuj ćwoku.

Lecz to nie koniec i w każdym razie
Kto namaluje ciebie na obrazie?
Kto się podłoży pod twoim garbem?
Skoro ciebie nie stać nawet na farbę.

W końcu zrozumiał nie będzie prosił
Że został świętym sam to ogłosił
I od tej pory czuję się godnie
Z własną świętością jest mu wygodnie.

Szczęście

Samotne noce długie i bezsenne
Promienie księżyca błyskają w oknie
Myśli moje błądzą w natchnieniu
Zwiastunem światła ku jasnowidzeniu.

Przez uchylone okno słyszę muzykę
Wydaje mi się że dla mnie wybraną
Zamknąwszy oczy odpłynąłem cicho
Oddychając wonią dziwnie skądś znaną.

Byłem tak bardzo teraz szczęśliwy
Noc mnie tak urzekła
Nie wiedziałem dokąd zmierzam
A droga jest taka kręta.

Nagle w tym błogim uczuciu
Coś niczym rezerwa
Ktoś moje radosne bycie
Tak po prostu przerwał.

Z biegiem czasu

Zrozumiałem od teraz
Co mnie dalej czeka
Muszę dalej grać rolę
Zwyczajnie człowieka.

Moja Ojczyzna

Wspominam moją drogą Ojczyznę
Zboża kwitnące i krzewy malin
Zachody słońca śniegi iskrzące
Widok kościelnej wieży w oddali.

Moja Ojczyzna tak wiele warta
Tutaj spędziłem najlepsze lata
Kiedy z radosnym śmiechem wesoły
Leśną ścieżyną biegłem do szkoły.

Piękne jeziora niebo w obłokach
Bajeczne łąki mrowiska leśne
Rześkie poranki upojnie noce
Ciągle wspominam i bardzo tęsknię.

Lata minęły żywa codzienność
I nagle jakaś dziwna odmienność
Nie bez przyczyny wielkie maszyny
Piaskiem jezioro moje przykryły.

Stało się strasznie szaro sodomie
Dym wytworzony przez elektrownię
A pył sinawy miasto zasypał
Czym więc oddychać kogo zapytać?

Co teraz pocznie człowiek ubogi
Kiedy złoczyńca podpala stogi

I piękne lasy hurtem wycina
Czyja to wina?

Kto się upomni o tych biedaków
Strasznie cierpiących na brak oddechu
Krzyże strugane trumny zbijane
I dniem i nocą w wielkim pośpiechu.

A ulicami tłumy leniwych
Taszczą chorągwie błyskają flesze
Z lewa i prawa ogromne brawa
Ale powietrze jest już nie nasze.

Pożegnanie

Mój kraj pożegnałem kiedyś
Lecz nie ze swojej winy
Łatwo domyślać się całej prawdy
I tej decyzji nagłej przyczyny.

Ten kraj miodem płynący
Posiadający piękną historię
Przez wieki o wolność walczący
A teraz niszczony potwornie.

Głoszone hasła przez kolejne rządy
Są tylko zwykłym pustym frazesem
Utopią w wielu żywych przypadkach
Tragicznych kłótliwych waśniach.

Mój kraj uściskałem dłońmi
Ulepionymi z męczeńskiej gliny
Nie zgadzam się z ciernistą koroną
Nad moją Ojczyzną teraz nałożoną.

Z biegiem czasu

Zostawiłem tu cząstkę siebie
Jasności dnia i ciemnice nocne
Błyskawice i lament duszy
A jednak do końca nie wiem
Czy zamiar odejścia był słuszny.

Może daleko gdzieś na obczyźnie
Gwiazda nadziei dla mnie rozbłyśnie
Los się uśmiechnie do mnie przytomnie
Lecz o Ojczyźnie nigdy nie zapomnę.

Granice

Patrzę biegam i oddycham
Bezgranicznie się zachwycam
Bo dzień jest we mnie a ja w dniu moim
Cóż pozostało dwoić się i troić.

O nowym jutrze myślałem dzisiaj
Co ma przedłużyć blaski istnienia
Pewnie mam rację w owym wywodzie
Ale doprawdy czy to coś zmienia?

Porównać życie do gwiazd tańczących
Zdarzeń przygnębień na kości groby
Tu nie ma wyjścia nie da się zatrzeć
Żyć muszę dalej słuchać i patrzeć.

Procenty

Nie pij wódki w nadmiarze przyjacielu
Nie zatrzymuj się przed barem
A jeżeli jesteś za kierownicą

Niepotrzebnie zawracasz gitarę.

Kto rozumny wie jak to jest
W butelczynie mieszka bies
Który buja się powabnie
Raz jest w górze a raz na dnie.

Taki często głos podnosi
W górę kielich podnieś prosi
A najlepiej pełną szklankę
Zdrowie w siebie na bujankę.

Coś ciebie nęci duże chęci
Nagie zaniki pamięci
W dali widać dziwne ramy
Ale sami wybieramy.

Nie posłuchał strzelił lufę
Za fajerę wcisnął tyłek
Do oporu dodał gaz
Niestety ostatni raz.

Zmiany

Czas stoi w miejscu my się zmieniamy
Nigdy na gorsze zawsze na lepsze
W kwietniu na wiosnę czy w lipcu w lato
Żadnego wpływu nie mamy na to.

Śliczna panienka a teraz babcia
Potwornie buzię ma zapadniętą
Oczy wpatrzone w zarys obrazka
Ręce splecione chce zostać świętą.

Z biegiem czasu

Młody refleksem słynął w młodości
Sto pompek robił w jedną minutę
Teraz nie zdoła zapiąć już paska
Wzrok na agrafce płuca wyplute.

Ale dopóki serca się tłuką
Głowy pracują nieważna stówka
Piersi do przodu uśmiech na buzi
Niech żyje młodość dzisiaj majówka.

W pogoni

W pogoni za fortuną i szczęściem
Trwonimy siły na próżne rozkosze
Zmęczeni zagubieni zapracowani
Na wspólnej ziemskiej przystani.

Często zdziwieni mnogością zdarzeń
Przechodzimy ostrożnie wytrwale
Nie zdając sprawy że przemijamy
Co stworzyliśmy depczemy nogami.

Niektórzy beztrosko płyną
Z każdym dniem niezmiennie
Unoszeni przez życie w ciemności
Spokojni zimni daremnie.

Inni przestali już cierpieć i droczyć
Z wielką pretensją do swojego losu
Sumienia zgorzkniałe i smutne twarze
Co jest w tej karze?

Przechodzimy życie jak przez chwile
Spotkamy się kiedyś na wspólnej mogile

Za późno wtedy będzie sobie wybaczyć
Żałując że nie żyliśmy inaczej.

Na przekór

Na przekór w zmowie tłumaczę sobie
Że coś tu nie gra aż trzęsie febra
O coś się spierać i w czym wybierać
Jak się odegrać?

Na tym co opór na mnie wymusi
Usiadł na mózgu i zęby suszy
Czegoś się boi a swoje broi
Chociaż nie musi.

Trzymać się zasad jak beznadziei
A w zależności trwałych zawiei
Coś co się zmienia jak roku pory
Zaborczej twory.

Ktoś się pokusił wymyślił inność
Co wydawało się nowoczesne
Na niby prawe i ugodowe
Ale bolesne.

Zamiast otuchy zwiastun niesnaski
Nastąpił lament cofnięto łaski
Nastała gorycz puściło nerwy
I wielkie przerwy.

Żadnych korzyści i walka sumień
Zasyp niewiedzy i perturbacje
Fatalny popis i nielogiczność
To nie wygląda na rzeczywistość.

Z biegiem czasu

Wolność umarła prawda zerowa
Nowa czasowa wada systemu
Mądrzy stworzyli dziwną logikę
Co pozostało teraz głupiemu?

Zmądrzeć i nowy stan wyodrębnić
To co związane jest przytomnie
I nie budować dziwnych posągów
Kamiennych twarzy śmiejących do mnie.

Najważniejsze
Co prawdziwie w życiu jest ważne
Myślenie proste i odważne
Miłości uczucie nieskalane
I to co przyjdzie niespodziewanie.

A może noc co tworzy ciemnię
Duchy świecące gwiazd odległych
Demony niekształtne wijące
Oddechów żywych przestrzennych.

Podjąć niezwłocznie musimy działania
Czynienie proste i szlachetne
Rozsądek w zwyczajnej rozmowie
I co sumienie nam podpowie.

A co jest w życiu rzeczą główną
Miłość i śmierć dzielone równo
I to co kocham i czegoś się boję
I to jest moje.

Niełatwo

To najpewniejsze żyć łatwo nie jest
Jak wielu zdarzeń minionych rejestr
Wymagań sporo różnych decyzji
Moc niedomówień i hipokryzji.

Czego uczymy się właśnie teraz
Z braku litości mózgi wyprane
Ktoś kto wyraża własne poglądy
Zdarza się kości ma połamane.

Gdzie się podziały nasze sumienia
Żyjemy w jamach zaryci w strachu
Sami stawiamy sobie pomniki
Zwyczajni kiepscy wstydem okryci.

Gdzie szukać teraz sprawiedliwości
W sądzie nie można już się dowiedzieć
Nie ma pieniędzy by się wykupić
Niewinnie swoje można odsiedzieć.

Trudno zapomnieć krzywd wyrządzonych
Własnego serca tragedii i szoku
A zasłaniając się sprawiedliwością
Polec od sieci kijowej w mroku.

Dokąd prowadzą nas własne rządy
Bez wyobraźni do rychłej wojny
Na naszej ziemi chcą toczyć boje
Narażać przyszłość i życia swoje.

Zuchwałość

Do zuchwałości dorastać
W mieście na wsi i prowincji
Skończyć szkołę podstawową
Zaciągnąć się do policji.

A w policji jest nadzwyczajnie
Wesoło komfortowo fajnie
Głowa do góry wysoko
Na wszystko przymykasz oko.

Weźmy na przykład w policji pana
Biegał po mieście i już od rana
A kiedy trzeba to pałą zdzielił
Na skwerku kiedyś kota zastrzelił
W ramach zwykłej powinności
Wlepił mandat za szybkości.

Nieźle mu się powodziło
Było dobrze klawo miło
Nagle przeszkoda wyrosła
Przypadkowo się zagapił
I zatrzymał pana posła.

Proponować takiemu ticket
Co posiada immunitet
Co trząsł filarami rządu
Był szefem całego sądu.

Wylegitymować gościa
To sprawa całkiem nie prosta
A jak poseł podchmielony
To i temat zakończony.

Policjant prawo wymusił
O dokumenty poprosić się skusił
Tym nietykalność posła naruszył
Prawo jazdy chciał zobaczyć
Gość twierdzi chciano go zgwałcić.

W sądzie o nic nie pytali
Policjanta ze służby wylali
I uznali za wariata
Obciążyli kosztami procesu
Może używać tylko roweru
Ale już bez dżipiesu.

Zuchwałym być się nie opłaci
Można na tym wiele stracić
Losu nie da się oszukać
Wiedzieć w jakie drzwi zapukać
Ale nie marnować czasu
By nie zapłacić za okna do lasu.

Kto by pomyślał

Któż by przewidział taką nędzę
W naszym obecnie XXI wieku
I krzywdy wyrządzane przez rządzących
Ludziom ciężko na chleb pracujących.

Nędzni chorzy ubodzy w kolejce
Na korytarzowej szpitalnej alejce
Plączą się chyłkiem jak zmory
Bezradne koślawe potwory.

W zapadłych szałasach nędza

Z biegiem czasu

Piece wygasłe brak węgla
Zamknięte kopalnie na skoble
Wychudłe szkapy w oborach
Nie mieszczą się w wozu hołoble.

Chłód głód ubóstwo i rozpacz
Nadzieja na lepsze jest licha
W garnku w zamarzniętej wodzie
Kości wystające i kicha.

A nocne powroty z roboty
Harówa w soboty w niedziele
Pot leci strumieniem po plecach
Ale zarobku niewiele.

Na dole powstaje bieda
Już tego opisać się nie da
Podczas gdy na górze rozpusta
Z biednego do wiadra krew chlusta.

A krzywda o pomstę woła
Ktoś straszy szatanem w niedzielę
I to ci tak bardzo pobożni
Choć z Bogiem wspólnego niewiele.

A w telewizji głoszą
Jak wielki mamy dostatek
I wprowadzili kolejny
To od pierdzenia podatek
A żeby do czynów zachęcić
To trzeba się z rana poświęcić.

Co teraz jest jeszcze nasze
Chleb czerstwy i suchy kaszel

A deski pod głową się pocą
I hymny śpiewane nocą.

Grubas

Grubas potrzebuje zjeść
A jak niesie dawna wieść
Bo z jedzeniem ma przymierze
Zjada tyle ile wlezie.

A jedzenie to udręka
Pokasłuje cmoka stęka
Oblizuje się z rozpusty
Dwa podejścia talerz pusty.

Żeby był to tylko talerz jeden
Ale zaliczył aż siedem
A to tylko pierwsze danie
Idzie drugie i pytanie.

Kartofli mała wanienka
Kiszka długa jak piosenka
Udo świńskie dwa indycze
A kotletów nie policzę.

Wspominając o deserze
Tort pół metra czekolady
Przekładanka z marmolady
Do popicia konwia soku.

Ktoś nagle wyrwał się z boku
I powiedział   dosyć ćwoku
         Dla normalnego człowieka
         To jedzenie na pół roku.

Z biegiem czasu

Grubas chudemu odrzekł
Podzielając swoje racje
Przeszkodzić komuś w jedzeniu
Uważa za dyskryminację
I głośno wyraził się przy tym
Że to jest antysemityzm
Ale co jest w tym najgorsze
Że nie żre za swoją forsę.

Dziurawe buty
Być na ziemi nędzarzem
Czy to jest pokutą?
Umrzeć nagle niespodziewanie
Nie posiadać butów.

Włożyć do trumny boso
Chrześcijaństwu przeczy
Będzie szedł drogą ciernistą
Nogi pokaleczy.

Rodzina złożyła się na buty
Ostatnią wyprawę
Niestety mogli jedynie pozwolić
Na buty dziurawe.

Stanął biedak przed Bogiem
Wpatrzony w boskie oblicze
I wykrztusił sił ostatkiem
Na łaskę twoją Boże liczę.

Pan Bóg aż zaniemówił
I na dobrą sprawę

Nie poczytał mu grzechu
Za buty dziurawe.

Pozostania

A kiedy to co musi z konieczności
Naprawdę się po prostu stanie
Co tu na ziemi prawdziwie
Po nas ludziach pozostanie?

Sława kultura bogactwo
Słowa niezawisłość niezależność
Darmowe odległe echa
Miłość i niepodległość.

Zostaną po nas zapomniane zajazdy
A na patelniach mięsiwa skwierczące
Przydrożne wierzby i zboża pachnące
Rosy poranne ranki witające.

Pola fabryki opuszczone sztolnie
Wieże kościołów i place zabawy
Rzeka głęboka w niej dorodne leszcze
Płotki szczupaki i coś tam jeszcze.

Zostaną po nas chwile radości
Smutne spojrzenia i pierwsze miłości
Pragnienia szczęścia losowego splotu
A wielka szkoda że bez powrotu.

Powroty

A może kiedyś moje płoche myśli
Powrócą z oddali na moją ziemię

Z biegiem czasu

I ujrzę znowu dawne krajobrazy
W nowym wydaniu a jakże odmienne.

Dolina kiedyś radosna urocza
Strumienie kręte tryskające żywo
Teraz zmienione w bagienka wilgotne
Przeplecione szarością przenikliwie mroczne.

A moje miasto ceglano kamienne
Wygląda smutno wypłowiało miernie
Dawnych sklepów wystawowe witryny
Po tramwajach zostały zardzewiałe szyny.

Co zostało z rzeki rwącego potoku
Tylko odbicia od lustrzanej wody
Namalowany obraz pędzących obłoków
Nieskazitelny pierzasty i młody.

Nigdy nie czuję obcości
Do tej ziemi którą ukochałem
A którą opuścić mi przyszło
I matki pochylonej nad kołyską.

Nie wszystko jednak przeminęło
Żyje na tle wspomnień
Tego nikt mi nie odbierze
Nie pozwoli zapomnieć.

Walentynkowo

Dzień uroczy miłe chwile
Walentynki jak motyle
Beztrosko na wietrze fruwają
Jakże pięknie wyglądają.

Z której nie popatrzeć strony
Nasze Babcie Matki Córki Żony Dziewczyny
Czternasty luty każdego roku
Jest uroczy nietypowy inny.

A zupełna jest tu racja
I to nie są już wyjątki
Tereska Joasia Klaudia Kaia Zofia
Piękne jak różane pączki.

A co tam jakieś wirusy
Najważniejsze są całusy
Które ślą wam przyjaciele
A jest ich duże miliony
I serdecznie z każdej strony.

Szczęście

Od czegoś zacząć i być szczęśliwym
Trzeba najpierw się urodzić
I być ostrożnym nie wypaść z kołyski
A chwilę później nauczyć się chodzić.

Lata przedszkolne i pierwsza klasa
Szum w piaskownicy ślina do pasa
Ósma ukończona średnia zaczęta
Śmiejące buzie wakacje i święta.

Koniec nauki jak się odnaleźć
Wypadałoby dla siebie znaleźć
Prawdziwą pracę za godną płacę
Tak nie inaczej.

Z biegiem czasu

I dalsze zmiany statusu strony
Poszukiwanie męża czy żony
Życie w rodzinie szczęścia kolejne
Wychowywanie pokoleń dzielnie.

Jak odnaleźć szczęście
Które w nas często bywa skrywane?
Przez wiele czasu nie doceniane
Podwaja godność radości chwile
Szczęśliwi na ziemi i w swoim czasie
Cieszyć się życiem na ile da się.

Teraźniejszość

Wy pseudo władcy na górze
Czy mogło by się tylko wydawać
Oczekujecie dla siebie pochwał
Za uczynione bezprawia.

Jak niskiej żałości stan taki
Zamiast pochwalić brzydzić się muszę
I szarpie nerwy stan tego błazeństwa
Usta wykrzywia i rani duszę.

Wspomnieć trzeba dawnych przodków
Wskrzesić postacie które dawno umarły
Niech popatrzą co teraz wyprawiają
Jadowite żmije i zwyczajne karły.

Wy którzy obecnie siejecie pogromy
Czas przyjdzie na was
Przed sądem boskim staniecie
I cóż rzekniecie wtedy oszołomy
Kiedy się prawdy o sobie dowiecie?

A prawda jest cierpka sącząca krew czarną
Co łączy myśli i wygrywa z nocą
Przemiany wszelakie dla dobra ludzkości
Zdobywa się uczciwie a nigdy przemocą.

Pożegnanie

Odejdę kiedyś w błogiej ciszy
Nigdy nie byłem ideałem
Przeżyłem i widziałem wiele
Tak bardzo życie ukochałem.

Wiernie zbratałem się z nauką
I nie przepadam za wygodą
Czule zachwyca mnie przyroda
Żyję przyszłością i swobodą.

Kiedy popatrzę na pomniki
Kwieciste wieńce tam składane
Wierzę że zamiast cokołu z kamienia
Miłe wspomnienie po mnie pozostanie.

Historyczna prawda

Historio mistrzyni życiowego bytu
Ty jesteś nieśmiertelna
Prawdziwością niepowtarzalna
A tak często paradoksalna.

Ktoś twierdzi że wojny powielasz
Potrafisz drwić ze zwycięzcy
I często ze sumień obdzierasz
A inni są waleczni i wielcy.

Z biegiem czasu

Historio ty stwarzasz problemy
I stroisz częste zbytki
Uśmieszkiem drwiącym się drążysz
Stanowisz i za czymś dążysz.

Wiele ksiąg i przeróżnych teorii
Zawarte w nich dzieje historii
Na czynach szlachetnych oparte
Tak wiele dla istnienia warte.

Nieśmiertelność niespodzianek pełna
Począwszy od papirusowych zapisów
Skora do braw i wiwatów bez końca
Tak często się zmieniająca.

Cywilizacja

Cywilizacja nasza tak zmienna
Ktoś twierdzi że bogata i przejrzysta
Oparta na przestronnej nauce
Prawdziwie kulturalna czysta.

Z innej strony by się wydawało
Że to systemy czasowych banałów
Coś strasznego jak niepokorność
Stąd okropna twarzowa potworność.

Różne barwy cywilizacji przeminęły
Historyczno waśniowo gnuśnie
Toczące się pogromy ludzkości
Zatrważające i okrutne.

Inaczej pojmowana cywilizacja

To złote runa bogate pałace
Tęczowe sieci i drzewa galaktyczne
Dźwięki muzyczne niebotyczne.

Gdzie się kończą granice cywilizacji?
Między porządkiem świata i otchłani
Co utrwalone bezpowrotnie ściera
Walczy wybiela i w końcu umiera.

Jak oceniać co od siebie wymagać
Wraz ze świtem niepewnością wzdragać
Mieć własne zdanie w tym względzie
Wierzyć w Boga on wie co było i będzie.

O czym pisać

O czym należałoby pisać
Rankiem w południe wieczorem
Kiedy słońce do snu układać się skore
Złe wichry na głębi szarpią fale wodne
O radości hulance co na czasie modne.

O nowych wynalazkach i głębinach kosmosu
O relaksie dla sławy fortuny rozgłosu
Ktoś posadził ziemniaki a obrodziło żyto
Koń kuty na cztery nogi i zapasowe kopyto.

O miłości zazdrości o niebywałej dumie
Ktoś kto umarł jest leniem nawet uśmiechać się nie umie
Że z wodą rozmawiać to na sposób wartki
Napisałem nie wyszło i podarte kartki.

A może by tak spróbować pisać o kościele
O świętym na obrazie przystrzyżonym krótko

Z biegiem czasu

O szatanie który wcielony w pijaka
Walczy z mokrą wódką.

O ludziach co ciężko pracują
I tych co z niczego się cieszą
A może o tamtych co żałują
A dopiero później grzeszą.

Zdarza się że pisanie staje się ciężarem
Wystawia różne opinie nagrody i karę
Pisać to o tym co jest proste i ważne
Prawdziwie z troską i odważnie.

Kufer

Myśli moje z przeszłości
O dniu dzisiejszym i jutrze
Cały majątek mojego życia
Mieści się w starym kufrze.

Ten kufer dużo pamięta
Zawiera ciekawe wieści
Koślawe rozmaitości
I takie od siedmiu boleści.

Mój kufer niczym dom schadzek
Skłonny do przeprowadzek
Na plecach dźwigany często
Niestety nie zawsze zwycięsko.

Strych i piwniczny zakątek
Końce i umów początek
Przeprowadzki i cięgi biczy
Cmentarnych płonących zniczy.

Prośba

Że się ośmielam prosić Ciebie Boże
O pomoc w sztuce dobroci poznania
O siłę woli przetrwania ziemskiego
W duchu miłości dla celu wszelkiego.

Nie trzeba nam hymnów bez przerwy powtarzać
Wyrywać z gardeł pieśni beztreściowych
Nieść transparenty i ciągle się spierać
I toczyć boje w imię bezwzględności
I za debili bogatych umierać.

Niech moje słowa gniewne zataczają kręgi
Z pełną brawurą niczym twarda stali
Pęd do myślenia nie pójdzie na marne
A ten co zło czyni wyzyskuje ludzi
W głowę sobie palnie.

Spotkanie z wirusem

W czas pandemii jak się ściemni
Zakaz opuszczania domu
To jest teraz nielegalne
I musowo po kryjomu
Taka prawda żadna ściema
Innej możliwości nie ma.

A los często figle płata
Gość ten chciał odwiedzić brata
Facet mądry i postawny
A i w klacie też nielichy
Opowiada o zdarzeniu

Z biegiem czasu

Jak się wirus wkręcił w szprychy.

Buziaka osłonił maską
W kieszeni zagrycha z flaszką
Żwawo pedałami rusza
I nagle ujrzał wirusa.

Wirus niezłą był pierdołą
I próbował przegryźć koło
Zawinął się na okrętkę
Przegryzł oponę i dętkę.

Bojąc się o własny tyłek
Każdemu jest życie miłe
Wtedy gościu dodał gazu
Ile w nogach się pomieści
Aż ster zrobił się gorący
Na liczniku sto czterdzieści.

Zamęt zrobił się nielichy
Wirusa wciągnęło we szprychy
Zginął bez jednego strzału
Jakby tego było mało.

Gość postradał się pedałów
I wpadł w ogromne nerwy
Kręcił tak ciągle bez przerwy
I natrafił na patrole.

I się stało ja pindolę
W ramach wyższej konieczności
Dostał mandat za szybkości
Nie uwzględniono wirusa
To jest to co aż sumienie porusza.

Coś takiego

Niesamowita historia
Czy dowodami poparta?
Któż wie czy jest prawdziwą?
Czy może oparta na żartach.

Piszą na wszystkich gazet stronach
Skąd wzięła się wirusowa korona?
Co kryje się za tym okropnym wirusem?
Przestrzec przed problemem muszę.

A stało się to o zmroku
Przy końcu ubiegłego roku
W krainie o nazwie Bejdana
Pandemia niechciana nadzwyczajna.

Ponoć zawiniła tu baba
Gruba umięśniona i nie słaba
Pracująca w laboratorium machając miotłą
Wywołała sytuację tak okropną.

Teraz każdy z nas dowiedzieć się musi
W pomieszczeniach hodowano wirusy
Takie krzywe nieznośne i głupie
Stłoczone pogmatwane w jednej kupie.

Taki jeden się wirus z grupy wyróżniał
Co dobre od złego nie odróżniał
Według niego baba była głupią frajerką
I nieraz zdzieliła go ścierką.

A wirus chociaż ślepki miał słabe

Z biegiem czasu

Nienawistnie spoglądał na babę
Wykorzystał jak wychodziła na ulicę
I ukrył się pod babciną spódnicę.

I teraz mamy tę złą sytuację
Uważam to poniekąd za rację
Wirus widzi w emerytach nieprzyjaciela
I tak ostro w starszyznę na...

Krąży na ulicy i plącze się nad lasem
I bardzo jest łasy na kasę
A myśli tylko o jednym
Dokłada bogatym a uszczupla biednym.

Teraz kiedy musisz nosić maskę
Jak odróżnić od złodzieja laskę?
A wilka od zwyczajnej krowy
Jak się boisz skręt kiszek
Piaseczek i z głowy.

Spis treści

Na tle pokoleń	5
Po mojemu	5
Noc księżyc i ja	6
Słucham siebie	8
Warszawa	9
Prawo do młodości	10
Naturalnie	11
Rozdwojenie	13
Pokolenia	13
Osiągnięcia	14
Mój koniec świata	15
Poznanie	16
Wirus	16
Wiara	17
Winni	18
Czasy	18
W pamięci	20
Tak naprawdę	22
Niewola	23
Wyspa szczęścia	24
Czas i my	26
Wolno biednemu	27
Czas i my	28
Słowa Stasia Pyska o Teresce z bliska	29
Moja poezja	30
Prawdziwie o poezji	31
O poetach	32
Najważniejsze	33
Kredkowe życie	34
Wydawało mi się	35
Zamilknąć na zawsze	36
Rozumiem Ciebie Teresko	36
Czas na urlopie	38
Protesty	39
Zło	40

Z biegiem czasu

Wielkie oczy	41
Popatrzeć	42
Poranek	42
Dwie dziewczyny	43
Myślowi gracze	44
Sumienia	45
Narobiło się	45
Zmyłka	47
Ale frajda	47
Dziwne	49
Dziewczyny kochane wróciły	50
Mąż	51
Nasze myśli	52
Zalety makaronu	53
Coś takiego	55
Lepiej by	55
Patrz	56
W poszukiwaniu prawdy	57
Bolący ząb	58
Czarne białe kolorowe	58
Na pewno potrafisz	59
Wojna i głupi	61
Narzeczona z walizką	61
Debilizm	62
Mądry i wojna	62
Kanibalizm	63
Egzorcysta	64
Bakteria i brawura	65
Zabobony	65
Działania	66
Dla kogo prawo	66
Rola zdrajcy	67
Koń i papuga	67
Dobrze albo źle	68
Sen o amerykańskiej demokracji	69
Kasyno	73
Leon po lustracji	74
Głąb i bomba	74

Zrobić w konia	75
Smarkata	76
Ona i lusterko	77
Szelma	77
Świnia i majątek	78
Elegancki świat	79
Kryska na Matyska	79
Złość dobroć dość	80
Dziwna sprawa	80
Kant	81
Samoobrona	82
Miasto i złodzieje	82
Myśli Pani X	83
Komu się należy i co	84
Ostatnie podrygi Sata	85
Mandel Kata	86
Wybrany	87
Zwyczajny krasnoludek	87
Bania	88
Kardiolog i pieśń	88
Pościg	89
Cztery nogi konia	89
Udało się	90
Wapno	91
Cywilizacja	92
Latający fotel	93
Trajkotka	94
Telewizja sprzedana	94
Proszę o spokój	95
Różnice	96
Co potem?	96
W odwrotnym kierunku	97
Żałuj za	97
A dlaczego?	98
Zaraz	99
Bezrobotny	99
Zwycięzca	100
Dwa odciski	101

Z biegiem czasu

Kiedy lipa	102
Dostać otrzymać	103
Zmowa milczenia	103
Dźwigam	105
Za kogo się uważasz?	105
Początek bez końca i odwrotnie	106
Podwójnie	107
Powstańcie do apelu	107
Mecz trzeci ostatni	108
Smok	110
Kapela życia	111
Nasze drzewo	112
Co by to było?	113
Niewdzięczność	114
Za mną	115
Kapka	116
Dlaczego nie zadzwoniłeś?	116
Po stopie	117
Na naturalnym zakwasie	119
Walka o trawkę	120
Nowe techniki	121
Pusta kieszeń	122
Choróbsko	123
Mury	123
Tereska przymierza stroje	124
Historia	126
Ustronne miejsca	127
Batem	127
Między	128
Nic	128
Świat stoi otworem	129
Kanapka z Coca-Colą	130
Nawyki	131
Uwiedziony Pysek	131
Nim się obejrzysz	132
Szesnastu na jednego	133
Oddawał a nie pożyczał	134
Tupanie	134

To ja powiadam wam	135
Luźny pan	136
Dano nam	137
Szczęśliwy	137
Pomyłka	138
Dwie strony medalu	138
Wolność i prawo	139
Manipulacja	140
Co nas dziwić może	140
Zwrócić uwagę	141
Reporter	142
Szacunek	144
Wielka inność	145
Kopnięty	147
Pytania bez odpowiedzi	148
Wydaje się że	148
Całusy	148
Popularność	149
Epokowy dinozaur	149
Gdy zabraknie powietrza	150
Bogaty kapelusik	150
Nie ma	151
Poligon istnień	152
Szczęście	152
Kim być?	153
Okup i porwany	154
Tak to bywa gdy czas upływa	155
Słońce	157
Żyjące drzewo	157
Święta Bożego Narodzenia	158
Bilety do spiżarni	161
Ewolucja humana	162
Wybredny	163
Według wzoru	164
Marzenia kwiatka	165
Rozumować	165
Kwiaty płaczą	166
Podłość	167

Z biegiem czasu

Piękne nogi bolą	168
Cudze	168
Ale mina	170
Wyciućkany	171
Polityczne zapachy	171
Dobry pomysł	172
O co?	173
Bez rozgrzeszenia	174
Być albo nie być	175
Głupsi	176
Wydaje się	176
Wkurzyć się	177
Testy	178
Uwaga	178
Urzędy	179
Dlaczego?	180
Śliczny ogródek Ani	180
Czy znasz się?	181
Dziękuję Bogu że żyję	182
Kogo nie boli	184
Nie ma i nie będzie	185
Dobić szczęśliwie targu	186
Pogubić się	187
Zuch	188
Codzienność	189
Zastanowić się	190
Zdarzenie całe	190
Szemrania	192
Dowieść	192
Komu?	193
Poznać siebie	193
Ktoś powie	194
Skąd?	195
Wypowiedz się narodzie	195
Patologie	196
Piknik w Princeton	197
Życiowa gra	199
Dramatowo	200

Zima w lato	200
Ile zostało?	201
Szkodzić	202
Teraz	203
Chybnięcie	203
Zgryzotka	204
Zwątpienie	205
Szkodnicy	205
Nagle	206
Zbawienie	207
Nie uwierzysz	208
Szykuje się	210
Ciemne strony bólu	211
Nie łatwo	212
Zastanawiam się	213
Dorastanie	214
Wraz z czasem	215
Godne pożałowania	216
Zaspokojenie	216
Rzeczywistość niejasna	217
Dbaj o siebie	218
Fryzura Joanny	218
Samego czasu	219
Kto i kiedy?	220
Obudzony	220
Dziwolągi	221
Życie jest ruletką	222
Maximum prawdy	223
Nowe	224
Skazani	224
Nie było	225
Do czego zmierzamy	226
Do świętości	226
Bez ogona	227
Między innymi	228
Los emeryta	229
Tragedie	230
Weterani	231

Z biegiem czasu

O wszystkim	231
My wszyscy	232
Nic za darmo	232
Poranek rolnika	233
Krakowianka Tereska	235
O baniu	238
Patrząc trzeźwo	239
Złote lata	239
Tam i tu	240
Bardzo dziwne	240
My się nie starzejemy	241
Wigilia Bożego Narodzenia 2019	241
Boże Narodzenie 2019	242
Sylwester 2019	242
Nowy Rok 2020	243
Posiew	243
Maruda	244
Do świętości	245
Szczęście	246
Moja Ojczyzna	247
Pożegnanie	248
Granice	249
Procenty	249
Zmiany	250
W pogoni	251
Na przekór	252
Najważniejsze	253
Niełatwo	254
Zuchwałość	255
Kto by pomyślał	256
Grubas	258
Dziurawe buty	259
Pozostania	260
Powroty	260
Walentynkowo	261
Szczęście	262
Teraźniejszość	263
Pożegnanie	264

Stanisław Pysek Prusiński

Historyczna prawda 264
Cywilizacja 265
O czym pisać 266
Kufer 267
Prośba 268
Spotkanie z wirusem 268
Coś takiego 270

www.ingramcontent.com/pod-product-compliance
Lightning Source LLC
Chambersburg PA
CBHW070050080526
44586CB00013B/997